T0126712

Wenn ich rufe

TVZ

Heinz M. Fäh | Carl Boetschi (Hg.)

Wenn ich rufe

Das reformierte
St. Galler Gebetbuch

Herausgegeben im Namen der Evangelisch-reformierten
Kirche des Kantons St. Gallen

TVZ
Theologischer Verlag Zürich

Der Theologische Verlag Zürich wird vom Bundesamt für Kultur mit einem Strukturbeitrag für die Jahre 2016–2018 unterstützt.

Bibliografische Informationen der Deutschen Nationalbibliothek
Die Deutsche Nationalbibliothek verzeichnet diese Publikation in der Deutschen Nationalbibliografie; detaillierte bibliografische Daten sind im Internet über http://dnb.dnb.de abrufbar.

Umschlaggestaltung
Mario Moths, Marl
unter Verwendung eines Bildes von Monica Ott
© Monica Ott, St. Gallen

Alle Bilder: Monica Ott © Monica Ott, St. Gallen

Satz und Layout
Mario Moths, Marl

Druck
Westermann Druck Zwickau GmbH

ISBN 978-3-290-17919-9
© 2017 Theologischer Verlag Zürich
www.tvz-verlag.ch

INHALT

SITUATIONEN

Mitten im Leben

Vertrauen

Geleitwort

«Unser Vater im Himmel», so beginnt das Urgebet der Christenheit. Wer betet, verbindet sich mit Gott und den Menschen. Beten ist persönlich und führt in die Gemeinschaft. Wer betet, bleibt nicht allein.

Der vorliegende Band ist ein Beitrag der Evangelisch-reformierten Kirche des Kantons St. Gallen zum Reformationsjubiläum und veröffentlicht neue Texte von Männern und Frauen aus dem ganzen Kanton. Während eines Jahres konnten Gebete eingesandt werden. Eine Herausgeberkommission hat die Beiträge gesichtet. Entstanden ist ein vielstimmiges Zeugnis lebendiger Glaubenspraxis. Die innersten Worte sind immer mit der Muttersprache verbunden. Darum erklingen auch die Dialekte, die zwischen Bodensee und Churfirsten, zwischen Bad Ragaz und Rapperswil gesprochen werden.

Die Texte sind aus den St. Galler Landschaften gewachsen, stehen im Rhythmus der Tages- und Lebenszeiten und thematisieren aus persönlicher Betroffenheit die unterschiedlichsten Situationen des Alltags. Tiefsinnig, ehrlich und humorvoll verwickeln sie die Leserinnen und Leser in einen Dialog mit Gott.

Der Dank gilt allen Autorinnen und Autoren für den Mut, ihren Glauben und ihr Herz mit anderen zu teilen. Ein grosser Dank für den unermüdlichen Einsatz gebührt Carl Boetschi von der Arbeitsstelle Pastorales der Kantonalkirche sowie den weiteren Mitgliedern der Herausgeberkommission: Kathrin Bolt, Fred Kurer, Heinz Schmitt und Barbara Signer.

Heinz M. Fäh, Kirchenrat und Vorsitzender der Herausgeberkommission

Vorwort

«Beten Sie?» Überrascht Sie diese Frage, verunsichert sie oder empfinden Sie sie als peinlich? Ja, wir reden selten darüber. Was in der Kindheit bei vielen noch wie selbstverständlich zum Gute-Nacht-Ritual gehört ist aber oft auch das Letzte, was Menschen am Ende ihres Lebens tun.

Beten ist lebendiger als man gemeinhin annimmt, und die meisten Menschen tun es – in irgendeiner Form. Das Beten gibt der Seele eine Heimat. Es hilft über die Sprachlosigkeit hinweg. Da kann ich mein Herz ausschütten. Wohin sonst mit meinem Kummer, dem Leid dieser Welt, den Fragen und Zweifeln? Der Dankbarkeit, der Sehnsucht, dem Hoffen, dem Glück und den Wünschen für mich, meine Nächsten und die Fernsten?

Beim Beten brauche ich mir keine Zensur aufzuerlegen: «Warum …?», «Wie lange noch …?», höre ich Menschen in der Bibel klagen und fragen. Da findet das Unerhörte ein Ohr. Und oft frage ich mich: Ist es Gott selbst, der in mir betet?

Jedenfalls: Wer betet – und man kann auch «ungläubig» beten – gibt nicht auf. Wer dankt, bittet, aufbegehrt und fragt hat schon angefangen, etwas zu unternehmen gegen Bedrückendes und Bedrohliches. Da zeichnen sich am Horizont Aufbruch, Befreiung und Heilung ab.

Carl Boetschi, Beauftragter für Pastorales

ORTE

Am Wasser

Gebet einer Mutter

An den Dreiweihern in St. Gallen

Ausatmen, hier. Und deine Nähe suchen.
Fern von Legobausteinen und Puppenkleidern.
Fern von Windeln, Wutanfällen und Wieso-Fragen.

Ruhig werden, jetzt. Und deine Stille hören.
Ohne Mami-Rufe.
Ohne Jammergeräusche und Trotzschreie.

Loslassen, nun. Und deine Vergebung suchen.

Für unkontrolliertes Zurückschreien.
Für geworfene Legosteine und unbeantwortete
Fragen.

So tief ist meine Liebe. So schwach sind meine
Nerven.
Ausatmen will ich. Ruhig werden. Loslassen.
Hier, jetzt und nun.

Leben am Fluss

Du, Quelle des Lebens.

Täglich fliesst die Thur vorbei,
gestern, heute, morgen, immerdar.
Manchmal ungestüm und wild,
dann wieder ruhig, still,
fliesst dahin – zum grossen Meer.

So fliesst, zerrinnt auch meine Zeit, mein Leben.
Doch lass ich meine Fragen, Sorgen, Ängste los
und lerne immer besser, auch mich selbst
loszulassen:
Mich auf den letzten, tiefsten Grund,
auf Halt und Sinn zu verlassen, auf Gott:

«Denn bei dir ist die Quelle des Lebens,
und in deinem Licht schauen wir das Licht.»[1]

Alles, was Menschen denken, fühlen, tun
geht vorüber und vorbei.
«Nun aber bleiben Glaube, Hoffnung, Liebe,
diese drei.

Die grösste unter ihnen aber ist die Liebe.»[2]

Weil du, Gott, die Liebe selber bist.

---

1   Ps 36,10
2   1Kor 13,13

Am Ende des Stegs

Am Zürichsee

Gott des Lebens.
Am Ende des Stegs
halte ich inne
und schaue hinüber,
helle Häuser
grüssen von weit.

Am Ende des Stegs
halte ich inne
und höre ganz nahe
wogende Wellen
kommen und gehen.

Am Ende des Stegs
halte ich inne
und blicke hinab,
schwere Steine
liegen am Grund.

In allem sprichst du zu mir.
Du siehst meine Sehnsucht,
weisst um den Schmerz,
du wägst die Steine,
kennst den Grund.

Gott des Lebens.
Am Ende des Stegs
halte ich inne
und hoffe,
du kommst auf mich zu.

wie der Galiläer,
der vom Wasser her rief:
«Ich bin es.
Fürchtet euch
nicht.»[3]

---

3   Mt 14,27b

Am Bodensee

Herr, Schöpfer unserer Erde!

Der See liegt ruhig und still vor mir,
kein Hauch von Wind.
Mein Blick schweift den Horizont entlang,
die Gedanken kommen zur Ruhe.

Ein sanfter Wind kommt auf über dem See,
erfrischend in der Hitze des Tages.
Die Segel füllen sich,
die Gedanken treiben voran,
eröffnen neue Wege.

Sturm! Wind und Wasser tosend vermischt,
aufgewühlt, laut:
Wellengischt jagt mir ins Gesicht,
aber ich weiss mich sicher in deiner Hand.

Abend.
Der See liegt dunkel vor mir,
geheimnisvoll, mir verborgen
die göttlichen Tiefen,
und ich: ein kleiner Teil deiner Schöpfung.

Herr, ich danke dir.

Beim Gauklerbrunnen

Vor dem Kunstmuseum in St. Gallen

Ich frage mich, Gott:
Was strömt aus meinen Händen?
Wofür bin ich durchlässig?
Welche verborgene Quelle fliesst unaufhaltsam
durch mich hindurch
und aus mir heraus?
Was lässt mich versonnen nach oben blicken?
Was bewegt mich zu einem Tanz?

In den Bergen

Gamplüt-Psalm

In der Weite der Weiden
in der Helle des Tages
im Lichte des Sommers
in der Ruhe des Sonntags
lass uns dir danken,
unerschöpflicher Schöpfer.

Aus der Enge des Tales
in die Weite des Himmels
ragen sieben fürstliche Firste,
erinnern an
sieben Tage der Schöpfung.
Lass uns dir danken,
unerschöpflicher Schöpfer.

Aus der Enge des Tales
in die Weite des Landes
trägt das Wasser der Thur
die Botschaft vom Leben.
Wir kennen die Quelle,
denn du bist sie selbst.
Lass uns dir danken,
du Quell allen Lebens.

Den Berg hinauf

Schritt um Schritt den Berg hinauf,
im ersten Sonnenlicht.
Ich spüre mich, meinen Atem.

Ach, wie schön ist es hier!
Steinwild ist schon unterwegs.
Es fühlt sich beobachtet von mir.

Schritt um Schritt den Berg hinauf.
Mein Herz klopft, ich schwitze.
Kurze Rast, ein Schluck aus der Flasche.

Ich komme gut voran.
Der Horizont weitet sich.
Die Luft wird dünner.

Gott, wie schön ist es hier oben!
«Was ist der Mensch, dass du seiner gedenkst?»[4]
Sorgen des Alltags verblassen.

Ich danke dir für diese Auszeit!
Spüre wieder Kraft
für die kommende Zeit.

---

4   Ps 8,5

Gebet eines Wanderers

Gott, ich danke dir
für die Gesundheit,
dank der ich aufbrechen kann,
für die Landschaft, die mich erwartet,
für die Freiheit, die mir geschenkt ist.

Und ich bitte dich
um Kraft für diese Tour,
um Achtsamkeit,
um Vorsicht und
um eine gute Heimkehr.

Üses schö Tal

Deer, grosse Gott, g'hört üsers Lob und üsen
Dank:
Du häsch üs e schöös Tal mit liebe Mensche
zur vertraute Heimet werde loh.

Deer, grosse Gott, g'hört üsers Lob und üsen
Dank:
A mengem wunderbare Flecke Erde öberall
simmer alli mitenand i diner Hand.

Deer, grosse Gott, g'hört üsers Lob und üsen
Dank
för all daa, wo uf üsne Äcker wachst und i de
Gärte riiffet,
för alli Puurelüüt, wo pflanzet, saiet, ernted.

Deer, grosse Gott, g'hört üsers Lob und üsen
Dank
för alli Senne, wo de Sommer döör
mit em Vech uf d Alpe züched und zum Rechte
lueged.

Deer, grosse Gott, g'hört üsers Lob und üsen
Dank
för de Chranz vo grüene Hügel und vo höche
Berg,
wo zu jeder Johresziit e bsonders Glück ver-
schenked.

Deer, grosse Gott, g'hört üsers Lob und üsen
Dank,
dass meer da Glück mit andre teile töörfed,
wo üs als werti Gäscht willkomme sind.

Deer, grosse Gott, g'hört üsers Lob und üsen
Dank:
Au meer sind eifach Gäscht uf däre Welt.
Meer bruuched dini Hilf, din Säge, dini Gnad.

I luege ui id Berg[5]

E Lied für uf de Weg durs Lebe, d'Zit und Welt

I luege ui id Berg
über de Chaschte, d'Stobere, d'Chrützberg ui
zu dir.
Du hescht de Himmel und d'Erde gmacht.
Und o mis agni Lebe chunnt vo dir.
Wo find i Hülf i Angscht und Noat?

Mini Hülf chunnt vo dem, wo gröässer ischt as
alls: Gott.
Er macht mini Schritt sicher und fest.
Er selber escht de Weg, woni cha goo,
dass i s' Ziel nöd us de Ooge verlüür.
De wo mi bhöätet schloft nöd,
nei, de wo sis Volk bhöätet,
schloft und töset nöd.
Er escht min Höäter und Hirt.

Wie en Schatte über om, wo i de Wüeschti
wanderet,
ischt er bi mir, vor mir, hinder mir, über und
onder mir.
Er bhöätet mi uf all mine Weg.
Am Tag cha mir d'Sunne nöd schade
und o de Moo nöd i de Nacht.

---

5 Noch em Psalm 121.

De Herr bhöätet mi vor allem Ogfell,
er bhöätet mis Innerscht und mis ganz Läbe.
Er bhöäted mi, wenn i furtgang und wenn i
hoachumm,
jetz und immer – und oll.

Im Wald

Gott
gib mir Zeit.

Die Musse
des Waldes
immer
wieder.

St. Galler Bauernmarkt

Hier darf ich in die Äpfel greifen,
alle Arten Gemüse verlangen,
aus der Vielfalt des Einheimischen wählen.
Aus Fleisch, Eiern und Selbstgebackenem,
dazu Salate und das Saisonale,
Beeren, Nüsse und Konfitüren.

Was ich dazu gratis bekomme,
ist die Freundlichkeit der Menschen,
die hinter ihren Produkten stehen.

Was ich umsonst mitnehmen darf,
ist eine Begegnung da, ein Schwatz dort,
die Geduld aller beim Warten.

Und was ich jeden Freitag spüre und geniesse,
ist die einmalige Atmosphäre hier.
Dafür richte ich meinen Dank zum Himmel!

ZEITEN

Im Tageslauf

Morgengebet

Am Morgen dieses Tages
suchen meine Gedanken und Gefühle dich,
Gott, du Ursprung und Quelle des Lebens.
Hilf mir wach sein und dankbar,
offen für das, was kommt.

Ich glaube dich an meiner Seite.
Ich glaube dich auf meinem Weg.

So segne mir diesen Tag,
damit ich ein Segen bin.

Am Anfang des Tages

Am Anfang dieses Tages
will ich mir Zeit nehmen für mich,
mich wahrnehmen,
Gedanken und Gefühle zulassen,
ohne Wenn und Aber annehmen, was ist.

Am Anfang dieses Tages
will ich mich einstellen auf das, was geplant ist:
Arbeiten, die Mühe machen,
Begegnungen, die beglücken,
Gespräche, die fordern.

Am Anfang dieses Tages
will ich bereit werden für Unvorhergesehenes:
Nachrichten, die erschüttern,
Bitten, die überraschen,
Fragen, die verunsichern.

Am Anfang dieses Tages
will ich Ja sagen zu mir,
Ja zu meinen Grenzen und Möglichkeiten,
Ja auch zu dem, was mir Mühe macht.

Am Anfang dieses Tages
will ich vertrauen,
hoffen,
dankbar sein für dieses Leben.

Tagzeitengebet: Am Morgen

Die eingerückten Teile können von einer zweiten Person oder
von allen Teilnehmenden gesprochen werden.

Eingang

Am Morgen dieses neuen Tages
suchen unsere Gedanken und Gefühle dich,
Gott.
>Du Grund aller Dinge,
>du Ursprung und Quelle des Lebens.
Hilf uns wach sein für diesen Tag
und offen für das, was er uns bringt.
>Wir glauben dich an unserer Seite
>und leben im Vertrauen auf dich.
Wir glauben dich in unserer Mitte
und hören auf deine Stimme.
>Wir glauben dich auf unserem Weg
>und loben deinen heiligen Namen. Amen.

Bibelwort

Lass mich am Morgen deine Gnade hören,
>denn auf dich vertraue ich.
Tue mir kund den Weg, den ich gehen soll,
>denn zu dir erhebe ich meine Seele. Ps 143,8

Psalm 108,2–7

Mein Herz ist bereit, Gott,
   ich will singen und spielen. Auf, meine Seele!
Wacht auf, Harfe und Leier,
   ich will das Morgenrot wecken.
Ich will dich preisen unter den Völkern, HERR,
   will dir singen unter den Nationen.
Denn gross, über den Himmel hinaus, ist deine
Güte,
   und bis an die Wolken reicht deine Treue.
Erhebe dich über den Himmel, Gott,
   und über die ganze Erde mit deiner
Herrlichkeit.
Damit gerettet werden, die dir lieb sind,
   hilf mit deiner Rechten und erhöre uns.

Liedvorschläge

RG 557 «All Morgen ist ganz frisch und neu»
RG 50 «Am Morgen will ich singen»
RG 574 «Er weckt mich alle Morgen»

Lesung

Sonntag

So spricht der Herr: «Seht, ich schaffe Neues,
schon spriesst es, erkennt ihr es nicht?
Ja, durch die Wüste lege ich einen Weg
und Flüsse durch die Einöde.» Jes 43,19

Montag

Ihr seid ein Brief Christi, geschrieben nicht mit
Tinte,
sondern mit dem Geist des lebendigen Gottes,
nicht auf Tafeln aus Stein,
sondern auf andere Tafeln: in Herzen aus
Fleisch. 2Kor 3,3

Dienstag

Jesus spricht: «Bittet, so wird euch gegeben,
suchet, so werdet ihr finden;
klopft an, so wird euch aufgetan.» Mt 7,7

Mittwoch

Gott hat uns nicht einen Geist der Verzagtheit
gegeben,
sondern den Geist der Kraft
und der Liebe und der Besonnenheit. 2Tim 1,7

Donnerstag
Der HERR ist mein Licht und meine Rettung,
vor wem sollte ich mich fürchten?
Der HERR ist meines Lebens Zuflucht,
vor wem sollte ich erschrecken? Ps 27,1

Freitag
Wisst ihr denn nicht, dass ihr Gottes Tempel
seid
und dass Gottes Geist in euch wohnt?
Wer den Tempel Gottes zerstört, den wird Gott
zerstören;
denn der Tempel Gottes ist heilig – und das seid
ihr. 1Kor 3,16–17

Samstag
Nicht dass ich es schon erlangt hätte
oder schon vollkommen wäre!
Ich jage ihm aber nach, und vielleicht ergreife
ich es,
da ich von Christus Jesus ergriffen bin. Phil 3,12

Stille

Seid stille und erkennt, dass ich bin Gott
Seid stille und erkennt, dass ich bin
Seid stille und erkennt
Seid stille
Seid

Stille
Anschliessend den Psalmvers 46,11 von unten nach oben
wiederholen.

Vertiefender Text

«Ich schlage den Tag auf
wie ein Buch,
das Du
mir geschenkt hast.
Die Sätze sind einfach.
Auch Leid steht da.
Doch es ist ertragbar,
denn durch jede Seite
schimmert
Dein Name.»[6]

---

6   Georg Bydlinski, Distelblüte, Gedichte, Verlag Herder, Wien/
    Freiburg i. Br. 1981, S. 20. © Georg Bydlinski. Mit freundlicher
    Genehmigung des Autors.

Liedvorschläge

RG 71 «Laudate omnes gentes»
RG 8 «Ich lobe meinen Gott»

Unservater

Segensbitte

Segne uns diesen Tag, Gott,
mit Gelingen
mit achtsamen Gedanken
mit einem Ja.
Segne uns,
damit wir ein Segen sind.
Amen.

Tagzeitengebet: Am Mittag

Die eingerückten Teile können von einer zweiten Person oder von allen Teilnehmenden gesprochen werden.

Eingang

In der Mitte des Tages unterbreche ich.
  Mein Tun.
  Meine Gedanken.
In der Mitte des Tages suche ich meine Mitte.
  Meinen Atem.
  Mein Fühlen.
In der Mitte des Tages suche ich dich.
  Bewege mein Tun und meine Gedanken.
  Begegne mir im Atmen und Fühlen.
Jetzt darf ich sein. Bei dir. Bei mir. Mittendrin.
Amen.

Bibelwort

Da kam Jesus, trat in ihre Mitte und sprach:
Friede sei mit euch. Joh 20,19b

Nach Psalm 139

Gott, du kennst mich:
  inwendig und auswendig.

Bei dir fühle ich mich geborgen.
   Du weisst, wie es um mich steht
und kennst meine Sorge und Angst.
   Du siehst, wie ich versuche, das Leben
einzufangen.
Du durchschaust meine Ausflüchte
   und kennst meine Träume.
Wo ich auch bin, du bist immer schon da
   und hältst deine Hand schützend über mich.
Diese Gewissheit ist so wunderbar und gross,
   ich kann sie kaum fassen.
Ich bin eins deiner Wunder
   und darf das Leben entdecken.
Deine Liebe hat mich schon gefunden,
   als es mich noch nicht gab.
Meine Zukunft ist bei dir aufgehoben,
   selbst wenn vieles ungewiss ist.
Aber was auch geschehen mag:
   Am Ende bin ich immer bei dir. Amen.

Liedvorschläge

RG 706 «Nada te turbe»
RG 8 «Ich lobe meinen Gott»

Lesung

Sonntag

Auf, iss dein Brot mit Freude, und trink deinen
Wein mit frohem Herzen; denn längst schon hat
Gott dieses Tun gebilligt. Jederzeit seien deine
Kleider weiss, und an Öl auf deinem Haupt soll
es nicht fehlen. Geniesse das Leben mit einer
Frau, die du liebst, all die Tage deines flüchtigen
Lebens, die er dir gegeben hat unter der Sonne,
all deine flüchtigen Tage. Das ist dein Teil im
Leben, bei deiner Mühe und Arbeit unter der
Sonne. Koh 9,7–9

Montag

Da sprach Gott: Geh hinaus und stell dich auf
den Berg vor den HERRN! Und sieh – da ging
der HERR vorüber. Und vor dem HERRN her kam
ein grosser und gewaltiger Sturmwind, der Berge
zerriss und Felsen zerbrach, in dem Sturmwind
aber war der HERR nicht. Und nach dem Sturmwind kam ein Erdbeben, in dem Erdbeben aber
war der HERR nicht. Und nach dem Erdbeben
kam ein Feuer, in dem Feuer aber war der HERR
nicht. Nach dem Feuer aber kam das Flüstern
eines sanften Windhauchs. Als Elija das hörte,
verhüllte er sein Angesicht mit seinem Mantel.

Dann ging er hinaus und trat an den Eingang
der Höhle. 1Kön 19,11–13a

Dienstag
Er aber, der die Herzen erforscht, er weiss, was
das Sinnen des Geistes ist, weil er dem Willen
Gottes gemäss für die Heiligen eintritt. Wir
wissen aber, dass denen, die Gott lieben, alles
zum Guten dient, ihnen, die nach seiner freien
Entscheidung berufen sind. Röm 8, 27–28

Mittwoch
Hast du es nicht erkannt, hast du es nicht gehört:
Ein ewiger Gott ist der HERR,
  der die Enden der Erde geschaffen hat!
Er ermattet nicht und wird nicht müde,
  seine Einsicht ist unerforschlich.
Dem Ermatteten gibt er Kraft,
  und wo keine Kraft ist, gibt er grosse Stärke.
Und junge Männer ermatten und werden müde,
  Männer straucheln unvermeidlich.
Die aber, die auf den HERRN hoffen, empfangen
neue Kraft,
  wie Adlern wachsen ihnen Schwingen,
sie laufen und werden nicht müde,
  sie gehen und ermatten nicht. Jes 40, 28–31

Donnerstag

Seht, welche Liebe uns der Vater gegeben hat,
dass wir Kinder Gottes heissen, und wir sind
es. Darum erkennt die Welt uns nicht, weil sie
ihn nicht erkannt hat. Ihr Lieben, jetzt sind wir
Kinder Gottes, und es ist noch nicht zutage
getreten, was wir sein werden. Wir wissen aber,
dass wir, wenn es zutage tritt, ihm gleich sein
werden, denn wir werden ihn sehen, wie er ist.

1Joh 3,1–2

Freitag

Mit welcher Gabe soll ich vor den HERRN
treten,
   mich beugen vor dem Gott der Höhe?
Soll ich mit Brandopfern vor ihn treten,
   mit einjährigen Kälbern?
Gefallen dem HERRN Tausende von Widdern,
   ungezählte Bäche von Öl?
Soll ich meinen Erstgeborenen hingeben für
mein Vergehen,
   die Frucht meines Leibes als Sündopfer für
mein Leben?
Er hat dir kundgetan, Mensch, was gut ist,
   und was der HERR von dir fordert:
Nichts anderes, als Recht zu üben und Güte zu
lieben
   und in Einsicht mit deinem Gott zu gehen.

Mi 6,6–8

Samstag

Ich danke meinem Gott, sooft ich an euch
denke, wenn immer ich für euch alle bitte und
voll Freude für euch eintrete im Gebet: Ich
danke dafür, dass ihr am Evangelium teilhabt,
vom ersten Tag an bis heute, und ich bin
dessen gewiss, dass er, der das gute Werk in
euch angefangen hat, es bis zum Tag Christi
Jesu auch vollendet haben wird.

Phil 1,3–6

Stille

Vertiefender Text

«Hier bin ich,
Gott,
vor dir.
Nicht MEHR möcht ich sein,
als du mich geträumt,
und nicht weniger,
als du mich gedacht hast.

Nicht allein nach Geltung lass suchen mich,
sondern auch nach Wahrhaftigkeit –
meiner Worte, meines Tuns.
Nicht bloss nach Ansehen,
sondern auch nach Offenheit im Zeigen meiner
selbst.

Aufrecht lass mich stehen
und beugsam mich sein,
mir meiner Grösse und meiner Grenzen
bewusst.

Hier bin ich,
Gott,
vor dir.
Nicht MEHR möcht ich sein,
als du mich geträumt,
und nicht weniger,
als du mich gedacht hast.»[7]

Lied

RG 704 «Meine Hoffnung und meine Freude»
oder RG 345 «Eingang und Ausgang»

Unservater

Segensbitte

Gott segne und behüte diesen Tag.
Was ich angefangen habe.
Was gelungen ist.
Was ich loslassen will.
Mit deinem Segen gehe ich weiter.
Gelassen, getrost und gestärkt. Amen.

---

7   Jacqueline Keune, Von Bedenken und Zusagen. Liturgische
     Texte, db-verlag, Horw/Luzern 2. Aufl. 2014. Mit freundlicher
     Genehmigung des db-verlags.

Tagzeitengebet: Am Abend

Die eingerückten Teile können von einer zweiten Person oder
von allen Teilnehmenden gesprochen werden.

Eingang

Am Ende des Tages kehren wir heim
und suchen Zuflucht bei dir.
  Vom lärmigen Treiben wenden wir uns ab
  und suchen dich in der Stille.
Die Last unseres Alltags legen wir nieder vor dir
und suchen Ruhe im Schatten deiner Flügel.
  Wende dich nicht von uns ab
  und geleite uns durch das Dunkel der Nacht.
Amen.

Bibelwort

Sonntag

Gott breitete eine Wolke aus als Decke und
Feuer als Licht in der Nacht. Sie baten, und er
brachte Wachteln, und mit Himmelsbrot sät-
tigte er sie. Er öffnete einen Felsen, und Wasser
floss heraus und ergoss sich als ein Strom ins
dürre Land. Ps 105,39–41

Montag

Kommt zu mir, all ihr Geplagten und Beladenen:
Ich will euch erquicken. Nehmt mein Joch auf

euch und lernt von mir, denn ich bin sanft und demütig; und ihr werdet Ruhe finden für eure Seele. Denn mein Joch drückt nicht, und meine Last ist leicht. Mt 11,28–30

Dienstag

Meine Hilfe kommt vom HERRN, der Himmel und Erde gemacht hat. Er lässt deinen Fuss nicht wanken; der dich behütet, schlummert nicht. Sieh, nicht schlummert noch schläft der Hüter Israels. Ps 121,2–4

Mittwoch

Ihr aber, liebe Brüder und Schwestern, lebt nicht in der Finsternis, so dass euch der Tag überraschen könnte wie ein Dieb. Ihr seid ja alle ‹Söhne und Töchter des Lichts› und ‹Söhne und Töchter des Tages›; wir gehören nicht der Nacht noch der Finsternis. 1Thess 5,4–5

Donnerstag

Keine Nacht wird mehr sein, und sie brauchen weder das Licht einer Lampe noch das Licht der Sonne. Denn Gott, der Herr, wird über ihnen leuchten. Offb 22,5

Freitag

Wenn ihr zürnt, versündigt euch nicht! Die Sonne gehe nicht unter über eurem Zorn. Eph 4,26

Samstag
Bleibe bei uns, denn es will Abend werden, und
der Tag hat sich schon geneigt. Lk 24,19

Psalm 91

Wer im Schutz des Höchsten wohnt,
der ruht im Schatten des Allmächtigen.
   Ich spreche zum HERRN: Meine Zuflucht und
meine
   Burg, mein Gott, auf den ich vertraue.
Er rettet dich aus der Schlinge des Jägers,
vor Pest und Verderben.
   Mit seinen Schwingen bedeckt er dich, und
unter
   seinen Flügeln findest du Zuflucht,
   Schild und Mauer ist seine Treue.
Du musst dich nicht fürchten vor dem Schre-
cken der Nacht,
vor dem schwirrenden Pfeil am Tag,
   nicht vor der Pest, die umgeht im Finstern,
   vor der Seuche, die wütet am Mittag.
Du, HERR, bist meine Zuflucht.
Den Höchsten hast du zu deinem Hort
gemacht,
   dir wird kein Unheil begegnen,
   und keine Plage naht sich deinem Zelt.

Denn er wird seinen Boten gebieten,
dich zu behüten auf allen deinen Wegen.
  Auf den Händen werden sie dich tragen,
    damit dein Fuss nicht an einen Stein stosse.
Weil er zu mir hält, will ich ihn retten,
ich will ihn schützen, denn er kennt meinen
Namen.
  Ruft er zu mir, erhöre ich ihn,
    ich bin bei ihm in der Not,
    ich befreie ihn und bringe ihn zu Ehren.
Ich sättige ihn mit langem Leben
und lasse ihn meine Rettung sehen.

Liedvorschläge

RG 614 «Ruhet von des Tages Müh»
RG 594 «Nun ruhen alle Wälder»

Rückblick auf den Tag

Diesen Tag, o Gott, habe ich von dir
empfangen.
Nun lege ich ihn zurück in deine Hand,
mit all dem, was geschehen ist:

Ich denke an Menschen, die mir heute begegnet
sind.

Stille

Ich denke an das, worüber ich mich heute
gefreut
oder geärgert habe.
(...)

Ich denke an das, was ich heute versäumt habe.
An das, was mich beschäftigt.
(...)

Du weisst, was mich bewegt.
Wandle es in Segen. Amen.

Liedvorschläge

RG 604 «Herr, bleibe bei uns»
RG 605 «Der Tag, mein Gott, ist nun vergangen»

Unservater

Sendung

Gehen wir nun in diese Nacht
mit dem Segen des Vaters,
der seine schützende Hand über uns hält.
Mit dem Segen des Sohnes,
der uns durch die Nacht zu einem neuen Tag
führt.
Und mit dem Segen der Heiligen Geistkraft,
die über uns wacht wie eine Mutter über ihr
Kind.

Segen

So segne und behüte uns der Vater,
der Sohn und der Heilige Geist.
Amen.

Haec requies mea

Herr und Gott,
es isch Obed worde
und i luege zrugg uf dä Tag:
uf Begägnige und Ufgobe,
uf Gfreuts und Schwirigs.

Hilf mer verschtoh, was hüt gsi isch.
Zeig mer, wie du mitschriibsch
im Buech vo mim Läbe:
im Zuefall und i dä Zuemuetig,
im Eigne und im Frömde.

Gib mer es wiits Härz,
wo das alles Platz hät,
und s'Vertraue,
dass du mit mir uf em Wäg bisch.

Leg din Fride über die Nacht
und dini Hoffnig über de morndrig Tag.

Anknüpfungspunkt des Gebets ist der Psalmvers «Haec requies
mea» («Hier ist meine Ruhestätte», Ps 132,14). Dieser Vers
rutschte Gallus heraus, als er im Steinachtobel stolperte. Dies
veranlasste ihn zum Bleiben in St. Gallen.

Abendgebet

Herr, der Tag war lang.
Ich bin müde. Kann kaum noch denken.
Was ich heute Morgen getan habe,
scheint eine Woche zurückzuliegen.
Ich bin im Takt der Uhr durch meinen Tag
gehetzt,
meine Agenda hat bestimmt, wem ich begegne.
Die Bilder des Tages tanzen durch meinen Kopf.
Was habe ich vergessen, was übersehen?
Was ist mir entgangen?

Ich danke dir für das, was gelungen ist.
Lass auch das zum Segen werden,
was unvollständig und unerledigt blieb.

Herr, wenn ich nun gleich schlafen gehe,
behüte mich und die Meinen.
Lass uns in Frieden in deinem Schutz schlafen
und schenke uns eine geruhsame Nacht.

Am Abend

Ich habe viel gesehen,
das mich erstaunt und erfreut,
beschäftigt und belastet hat;
jetzt will ich mir Zeit nehmen,
nach innen schauen.

Ich habe vieles gehört,
das mich angeregt und bewegt,
begeistert und betrübt hat;
jetzt will ich mir Zeit nehmen,
auf die Stimme des Herzens hören.

Ich habe vieles getan,
das unterstützt und bekräftigt,
gefördert und geholfen hat;
jetzt will ich mir Zeit nehmen,
ausruhen und nichts tun.

Ich will zu mir kommen,
bei mir sein und auch fragen
ob ich manches übersehen und überhört,
ob ich Wichtiges unterlassen habe
und ob manches nicht gelungen ist.

Ich sage Ja,
zu meinen Fehlern und meinen Mängeln,
freue mich an dem,
was geglückt ist,
und bin dankbar für diesen Tag.

Im Jahreslauf

An Weihnachten

Inspiriert vom Lied «Es ist ein Ros entsprungen»

Du, wahrer Gott und wahrer Mensch,
Anfang und Ende,
von Engeln besungen,
in die Welt hineingeklungen.

Lass mich Wurzeln finden in dir.
Blühe auf in mir.
In Kälte,
in Finsternis,
mit deinem hellen Schein.

Wunderbar,
geheimnisvoll,
wie eine Rose.

Gedanke i de stille heilige Nacht

För d Maria ond de Josef isch di säb heilig
Nacht nöd still gsi.
Äs Chind öberchoo tuet weh,
au wenn de erscht Schrei neus Läbe verchündet.

Gott vom Läbe:
Mer bitted dii för alli Müettere,
wo onder schwirige Omständ erni Chind
mönd uf d Wält bringe,
gibne Chraft ond Gsondheit.

D Maria ond de Josef hend i de säbe heilige
Nacht
tööre eren Sohn in Arm neh.

Gott vo de Liebi:
Mer bitted dii för alli Paar,
wo kai Chind chönd öberchoo
ond drom bsondrigs i de Wiehnachtsziit still
liidet,
gibne Chraft ond Sinn.

D Maria ond de Josef hend i de säbe heilige
Nacht no nöd gwösst, was eren Sohn ond demit
au sii erwartet.

Ewige Gott:
Mer bitted dii för alli Eltere,

wo vo erem Chind hend mösä Abschiid neh,
gibne Chraft ond Halt.

Bi de Maria ond em Josef hend d Engel gsunge i
de heilige Nacht.

Barmherzige Gott:
Mer bitted dii för alli Lüüt,
wo onder de Schtilli rondome liidet,
wills ällei ond einsam sind,
gibne Chraft ond Gmeinschaft.

För d Hirte hend d Engel vom Fride gsunge.

Gott vom Fride:
Mer bitted dii för alli Mensche,
wo hüt kai schtilli ond heiligi Nacht chönd
erlebe,
will Kanone tonnered ond Maschinegwehr
chnottered,
gibne Chraft ond Rueh.

Gott, schenk du Fride of Erde.

Christnacht

Inspiriert vom Lied «Es ist ein Ros entsprungen»

In der Mitte der Nacht,
lässt du aus dem toten Holz eine Blume
aufblühen.

Gott, du schenkst uns neues Leben – mitten im
kalten Winter.

Geheimnisvoll wohnst du unter uns.
Unser Herz begrüsst dich,
aber unser Verstand zweifelt.

Du, wahrer Mensch und wahrer Gott,
können wir das begreifen?

Hilf uns glauben.

Bitten in der Christnacht

Gott, bei dir finden wir Heimat.
So können wir uns den Heimatlosen dieser Welt
zuwenden.
Gib du uns Mut und ein offenes Herz,
damit wir uns einsetzen für Flüchtlinge
und Menschen, die kein Dach über dem Kopf
haben.

«Weil Gott in tiefster Nacht erschienen,
kann unsre Nacht nicht traurig sein.»[8]

Gott, du gibst uns Halt und Hoffnung.
So können wir anderen Menschen Halt und
Hoffnung sein.
Lass uns nah sein all denen, die krank und
traurig sind.

«Weil Gott in tiefster Nacht erschienen,
kann unsre Nacht nicht traurig sein.»

Gott, du bist Mensch geworden.
So sind wir nicht allein und auf uns selbst
zurückgeworfen.
Wir leben aus deiner Nähe und Zuwendung.
Du bist da, auch wenn wir in Angst und Not sind.

«Weil Gott in tiefster Nacht erschienen,
kann unsre Nacht nicht traurig sein.»

---

8   Reformiertes Gesangbuch, Nr. 421.

Zum Jahreswechsel

Gott, im neuen Jahr sind wir vor dir.

Voller Hoffnung:
Das Jahr ist noch frisch und unberührt.
Wir hoffen auf gute Tage.
Voller Sehnsucht erwarten wir,
dass vieles besser werde.

Doch wir sind auch voller Zweifel:
Die Erfahrung lehrt uns,
ein neues Jahr wendet weder Leid noch Elend.

Hoffnung und Sorge,
beides legen wir in deine Hand
und bitten um deine Nähe.

Dein Kreuz

Dein Kreuz stört.
Aber wir haben uns daran gewöhnt.
Genauso wie an die schrecklichen Nachrichten
und Bilder.
Dennoch.

Dein Kreuz rüttelt auf.
Es erinnert an Leiden und Tod.
An Niederlagen und Versagen.
Vielleicht.

Dein Kreuz verbindet.
Weil du weisst, was menschliches Leiden ist.
Weil du es für uns auf dich genommen hast.
Darum.

Unter deinem Kreuz finden wir Heilung.
Das sagt sich so leicht und ist so schwer zu
verstehen.

Karfreitag

Jesus,
du mein Herr und Bruder,
Freund und Meister,
mit gemischten Gefühlen
gehe ich dem Karfreitag entgegen,
dem Tag der Klage und des Gerichts,
deinem Tag.

In deinem Leiden und Sterben,
in Judas und Petrus,
und auch in jener Magd
erkenne ich meine eigene Schuld,
meine Lieblosigkeit und Gleichgültigkeit
wie in einem Spiegel.

Das fordert mich heraus,
bestürzt und beschämt mich.
Doch du,
du willst mich nicht beschämen.
Deine Liebe führt weiter,
reicht tiefer als all meine Schuld.

Du nimmst sie mir ab,
nimmst sie auf dich.
Ich werde verwandelt
und befreit,
bin dein und danke dir
durch mein Leben.

Ostern

Herr Jesus Christus,
Ostern, das Licht des dritten Tages,
es bricht durch das Dunkel der Kreuzesnacht,
und ungläubiges Staunen,
ja unbändige Freude erfüllt uns:
Denn du lebst,
neu, anders, unvergänglich.
Leben aus Gott,
am Ort des Todes,
für uns auferweckt,
unfassbar.

Und voller Hoffnung
wagen wir Schritte.
Dir entgegen.

Auferstehung

Gott, Auferstehung vom Tod ins Leben –
wir hoffen darauf, wir sehnen uns danach.
An Ostern erinnern wir uns daran,
dass du, Gott, dem Tod, dem Unrecht, den
Henkern
nicht das letzte Wort gelassen hast.

Christus, an Ostern bist du aufgestanden
vom Tod ins Leben.
Wir hoffen darauf, wir sehnen uns danach.

Und doch fühlen wir uns hilflos angesichts des
Leids,
des Unrechts und des Todes auf der Welt.
Hilf uns hoffen, wider alle Hoffnung.
Hilf uns glauben an die Widerstandskraft des
Lebens.
Hilf uns aufzustehen in dieser Welt.
Lass uns aufstehen für deine neue Welt.
Vom Tod ins Leben.

Gedanken zum 1. Mai

Der 1. Mai ist ein säkularer Feiertag. Er ist der einzige nichtreligiöse Feiertag mit einer universalen Dimension. Ins Leben gerufen wurde er vor 125 Jahren von einer Bewegung armer Männer und Frauen.

Sie verstanden sich als Arbeiterbewegung. Als Bewegung Unterprivilegierter, die für ihre Rechte eintraten. Für die Würde der arbeitenden Menschen. Für sozialen Fortschritt. Und für den Respekt vor den Rechten aller. Auch jener ohne die nötigen finanziellen Mittel und ohne gesicherten sozialen Status. Sie verstanden sich als Bewegung, die unabhängig von der Herkunft der Einzelnen durch die Kraft der Solidarität zusammengehalten wird.

Die Bewegung, die sich im Feiertag vom 1. Mai manifestierte, hat viel erreicht. Konkrete soziale Fortschritte. Aber noch viel mehr: Respekt und Würde.

Pfingsten

Komm, heilige Geistkraft, komm in unser
Leben.
Wenn wir mutlos und verzagt sind,
schenke uns deine erneuernde Kraft.
Wenn wir sprachlos sind und zweifeln,
schenke uns Worte des Vertrauens.
Wenn wir traurig und schwach sind,
schenke uns deine tröstende Liebe.

Komm, heilige Geistkraft, komm in unser
Leben.
Entzünde in uns das Feuer deiner Liebe.
Begeistere uns mit deiner Kraft.

Schöpfungszeit

Gott, himmlischer Vater,
du gibst uns Nahrung von der Mutter Erde.
Durch unseren Bruder, den Wind,
und unsere Schwester, die Sonne,
hältst du die Kreisläufe des Wetters in Gang.

Wir bitten dich für uns und alle Menschen:
Lass uns in den Kräften der Natur unsere
Geschwister erkennen.
Unser Bruder, der Wind, schenkt uns Windkraft
Unsere Schwester, die Sonne, versorgt uns mit
Energie.
Doch wir verbrennen Erdöl, das wir unserer
Mutter, der Erde, entreissen.

Schneller erfinden wir Techniken,
die unserer Mitwelt schaden, als solche, die ihr
nützen.
Vergib uns unsere Blindheit und öffne unsere
Augen,
damit wir in den Kräften der Natur unsere
Geschwister erkennen.

Heimkehr wird Einkehr

Der Sommer vorbei. Die Jauchzer verhallt.
Am Bettag müssen die Alpen geleert,
muss das Vieh im Tal unten sein.
Die Gedanken der Sennen aber
weilen noch droben,
in verlassenen Hütten, auf verlassenen Höhen.
Kurz war der Sommer, kurz waren die Nächte.
Dennoch blieb Raum für manches Gespräch.
Nun also Heimkehr, Heimkehr zum Bettag.
Heimkehr wird Einkehr.

Der Sommer vorbei. Der Betruf verhallt,
nicht ungehört freilich,
der Alpsegen bleibt:
«Lobet den Herren vom Himmel her.
Lobet ihn in den Höhen».
Der Nachtruf des Beters, sein Aufruf zum Danken
verhallen nicht einfach.
Was Sennen gesungen,
leite uns alle da unten im Tal
durch herbstliche Nächte,
durch das Dunkel des Winters.
«Du, bleib bei uns ...»
Heimkehr wird Einkehr.
Einkehr wird Heimkehr.

Der Sommer vorbei. Nicht alles verhallt.
Sicherlich bleiben
Glaube und Hoffnung und Liebe wie eh.
Die Ernte ist reif, die Äcker sind leer.
Können wir alles, was reift, auch begreifen?
Aussicht und Einsicht:
Noch einmal schweift der Blick in die Berge.
Das Wissen um Hilfe vertreibt alle Angst.
Zeit ist's, zu danken,
Zeit für die Heimkehr, Zeit für die Einkehr:
Willkommen daheim!

Erntedank

Gott vom Läbe,
mer tanked deer för all da,
wa du ös Johr för Johr vo neuem schenksch:
Du losch Pflanze wachse ond d Tier chömed
Jungi öber.
Os de Quälle sprodlet suubers Wasser.
Dromm hend mer gnueg z'ässe ond z'trinke.

Mer tanked deer för da gwächsig Johr:
s hät nöd ghaglet, nume ziböllelet,
s hät nöd gschträäzt, nume grägnet,
s hät nöd gschtürmt, nume gloftet.
Mer tanked deer deför,
dass mer din Sägä so tüütlech hend tööre
gschpüüre.

Bitte zom Erntedankfäscht

Gott vo de Hoffnig,
mer bitted dii om Globe a dii ond Vertraue i dii.
Mög s Blau vo de Pfluume ond de Heidelbeeri
ös draa mahne.

Mer bittet dii om Liebi zo deer,
zo öserne Mitmensche ond au zo ös sälber.
S Root vo de Tomate ond de Tääghüüfeli
söll ös do draa erinnere.

Gott, mer bittet Dii om Hoffnig of d Zuekunft
hee.
Mög s Grüe vo de Guggummere ond de
Poawerli üs Hewiis si.

Dodeför bitted mer dii im Name vo Jesus
Chrischtus,
wo mit deer ond em Heilige Geischt lebt ond
waltet –
jetzt ond för alli Ziit.

Ewigkeitssonntag

Du Gott des Trostes und der Hoffnung:

Mitten im Leben sind wir vom Tod umgeben.
Bestürzt, fassungslos, traurig, komme ich zu dir.
Leihe dein Ohr meinen Klagen –
neige deine Augen mir zu.

Mitten im Sterben kann Neues werden.
Lass unsere Verstorbenen bei dir Vollendung
finden.
Füge alles, was bruchstückhaft war,
zu einem Ganzen.

Sei mit deinem Licht bei den Kranken und
Sterbenden,
bei denen, die für sie sorgen und mit ihnen
leben.
Lass das Licht des Trostes scheinen, auch durch
mich.

Im Lebenslauf

Mutterglück

Da sitze ich im Dämmerlicht der Nachtlampe.
Wie still es ist!
Nur das Schmatzen unseres Neugeborenen an
meiner Brust.
Sein Körperchen wärmt mich.
Ich kann mich nicht sattsehen an ihm.
Wie vollkommen und rein es ist,
die winzigen Ohren, die Nase, die Fingerchen –
und so verletzlich.

Ein Strom bedingungsloser Liebe durchfliesst mich.
Wellen von Wärme und Dankbarkeit.
Mein sehnlichster Wunsch hat sich erfüllt: Ein
Kind.
Ich hielt es nicht mehr für möglich.
So viele Jahre haben wir vergeblich gewartet.
Gehofft, alles versucht und schliesslich aufgegeben.
Und jetzt trinkt es an meiner Brust.

Mein Gott, wie glücklich ich bin.
So zutiefst berührt. Gerührt.
Was für ein Wunder!
Ich fühle mich eins mit dem Leben.
Alles macht jetzt Sinn.

Ich danke dir, du göttliche Kraft,
ich danke dir mit jeder Zelle in mir.

En Gascht of Erde

I bin en Gascht of Erde,
cha do nöd immer sii.
Will alls, wo läbt mues sterbe,
goht wie n en Troom verbii.

Und chunnt denn mini Ziit,
bis du, min Gott, bi mer.
Denn bitt i voll Vertraue,
nimm mi is Liecht zu der!

So läb i denn mis Läbe
vertraue, Gott, of di.
I singe, juchzge, gschpüre:
Du bhüetesch mi!

Du – immer und überall

Gott, gestern, heute und morgen,
Gott hier und überall,
du bist mein Urgrund,
du bist mir letzte Heimat.

Du, Gott, bisch gross

Du, Gott, bisch gross und du bisch guet,
gisch dine Gschöpf de Lebesmuet,
will s Läbe chunnt us der elei.
Im Tod ninnsch du üs wieder hei.
Mer bitted, dass du bi üs bisch,
of üsen Weg din Säge gisch!

Du hesch s ganz All und d Sterne gmacht,
d Sonn för de Tag, de Moo för d Nacht.
Du bisch bi üs i üsere Freud
und tröschtisch üs im gröschte Leid.
Mer bitted, dass du bi üs bisch,
of üsen Weg din Säge gisch!

Vo dinre Liebi simmer treit
jetzt, immer und in Ewigkeit.
Hilf, dass mer d Liebi wiiter gend
und üs i allne Mensche gsehnd.
Mer bitted, dass du bi üs bisch,
of üsen Weg Din Säge gisch!

Gebet für unsere Enkel

Danke, Gott, für unsere Enkel:
ihr Lachen und Staunen,
ihre Fragen und das Gespräch mit ihnen.

Sie helfen uns beweglich bleiben
und deine Welt neu sehen.

Gott, begleite sie auf ihrem Weg
mit ihren Kameraden und Freunden
in Frieden und Streit, Versöhnung und
Neuanfang.Segne ihre Eltern und
Wegbegleiterinnen.

Jesus Christus, sei du mit uns allen.
Lass uns deine Stimme hören und ihr folgen.

Im Alter

Immer mehr zieht es mich zu dir,
mein Gott.

Haben Seile deiner Liebe mich eingefangen –
und ziehen, ziehen so sanft?

Manchmal, wenn deine Sterne am Himmel
glänzen,
meine ich, sie winken mir zu.

Oder am Tag schaue ich den Wolken zu,
wie sie dahingleiten, ich spüre, wie ich versinke
in wohltuendem, weichem Weiss –
gewiegt und getragen von dir,
meinem Gott.

Hussens Gebet

Ich weiss es geht zu Ende,
mein Herr,
mein Gott.
Leg deine Hand auf mich.
Vergib,
wo meine Wahrheit nicht die deine,
wo heimliche Eitelkeit mich leitete,
wo meine Worte grob statt heilend.
Unnützer Knecht bin ich gewesen.
Vergib,
mein Herr,
mein Gott.
Leg deine Hand auf mich.
Leg mich auf deine Hand.

Aus dem Oratorium «Verbrennt das Feuer» (Musik: Francisco
Obieta, Au/SG) zu Jan Hus. Hus (* um 1370; † 6. Juli 1415),
Theologe, Prediger und Reformator im Königreich Böhmen,
wurde während des Konzils von Konstanz auf dem Scheiter-
haufen verbrannt, weil er seine Lehre nicht widerrufen wollte.

Gebet für eine Sterbende

Du Gott, du Ursprung und Vollendung,
du kennst N. N.
Du weisst um ihr ganzes Leben:
um Licht und Schatten,
um das Verborgene
und das Offensichtliche.
Woran sie gelitten hat.
Worüber sie sich gefreut hat.
Immer warst du da,
als unsichtbarer Begleiter und Freund.
Du weisst auch um die Zeit der Krankheit,
in der sie gekämpft hat,
zusammen mit ihren Nächsten,
du weisst, was alle in dieser Zeit getragen
haben.

Jetzt sind wir da,
auf diesem letzten Wegstück.
So bitten wir dich,
begleite du sie in Christus,
wie du sie immer begleitet hast.
Schenke ihr all die Hilfe, die sie braucht,
von dieser und der anderen Welt.

Wir bitten dich für alle,
die zurückbleiben:
Es ist so schwer,
einen Menschen gehen zu lassen,
den man liebt,
mit dem man das Leben geteilt hat,
der einem so viel bedeutet.
Schenke allen die Kraft für diesen Abschied,
den Mut zur Trauer,
die Verbundenheit untereinander,
damit sie es gemeinsam tragen können.

Denn eines wissen wir:
Die Liebe ist stärker als der Tod,
sie stirbt nicht, sie bleibt!
In ihr bleiben wir verbunden.

SITUATIONEN

Mitten im Leben

Aber du

I möcht z'nööch a de Sunne flüge,
lehn mi z'wiit usem Fenschter use,
aber du lohsch mi nöd z'tüüf gheie,
du fangsch mi uf
wenns mi z'wild öberchehrt.
I will z'nööch a de Sunne flüge,
aber du hebsch mi i dine Händ.

I bi tüüf i de Truur vesunke,
steck scho lang fescht i graue Sümpf,
aber du lohsch mi nöd vetrinke,
du lohsch nöd logg, locksch mi zrock
uf de Bode, is Lache, zor Freud.
I bi tüüf i de Truur vesunke,
aber du bringsch mi secher zrock as Land.

I heb mi fescht a de sechere Gländer,
schüüche gern, was mer schwirig schint,
aber du lohsch mi nöd z'ring schlüüfe,
du leisch mer weder und weder
di gliichige Bröcke in Weg.
I heb mi z'fescht a de sechere Gländer,
aber du gumpsch mit mer dröberus.

Vor einer Schulstunde

O Gott
schon wieder Freitag,
schon wieder diese schwierige Klasse.

Ich schlucke trocken,
mein Herz pocht.
Meine Knie sind weich.

Es hilft nichts. Ich muss hinein.
Ach Gott. Wie schwach fühl ich mich.

Angst.
Was haben sie wieder vor?
Wer provoziert mich heute – und wie?
Wie werde ich reagieren?
Wie halte ich heute stand?

Bitte, lieber Gott, sei du da,
lass mich nicht im Stich,
lass mich gelassen bleiben.

Lass mich dran denken:
Diese Kinder sind
deine Kinder.

Psalm 121

Ich hebe meine Augen auf zu den Bergen:
Woher wird mir Hilfe kommen?

Meine Hilfe kommt vom HERRN,
der Himmel und Erde gemacht hat.

Er lässt deinen Fuss nicht wanken;
der dich behütet, schlummert nicht.

Sieh, nicht schlummert noch schläft
der Hüter Israels.

Der HERR ist dein Hüter,
Der HERR ist dein Schatten zu deiner Rechten.

Bei Tage wird dich die Sonne nicht stechen
noch der Mond des Nachts.

Der HERR behütet dich vor allem Bösen,
er behütet dein Leben.

Der HERR behütet deinen Ausgang und Eingang
von nun an bis in Ewigkeit.

Psalm 121 am Wöschtag

Gott, i lueg min Wöschberg aa ond gseh fascht
nöd dröber.
I bi so müed ond mag nöd rächt.
Wie froh wär i, s chönnt mer öppär hälfe.

Du gisch mer Chraft ond Läbesmuet.
Du, wo d'Welt gmacht hesch, du hilfsch au meer.

Jo, Gott hebed dii wie d'Chlüpperli d'Wösch a
de Leine.
Gott bhüetet di, au wenns chuuttet ond stürmt.

Lueg, dä Gott vo dä Sarah ond vom Abraham
macht kei Nickerli; nöd wieni, wo fascht im
Schtoh iischloofe.

Gott lueget der,
wie-n-e Mueter erne Chind lueget.

Am Tag loht er dii nöd is Schleudere choo,
nöd wie dini Wösch,
zNacht hüetet er dii bim Ruebe.

Gott böglet dini Fehler uus, wie du dChnitter os
de Bluse,
Gott lueget zo dim Läbä.

De Ewig isch bi deer – bim Fortgooh ond bim
Heichoo,
hüt ond morn ond för alli Ziit.

Gebet eines Geschäftsmannes

Herr, ich bitte dich um Kraft.
Kraft für die vielen Begegnungen mit
Mitarbeitern,
Kunden und Lieferanten.
Damit ich trotz Termindruck ein Hörender bin
und ihnen mit offenem Ohr und offenem
Herzen begegne.
Damit ich die Absichten hinter den Worten
und die Anliegen zwischen den Zeilen höre.
Damit ich aber auch Wesentliches von Unwe-
sentlichem trennen kann.

Herr, ich bitte dich um Kraft.
Kraft für die vielen kleinen und grossen
Entscheidungen.
Damit ich Herz und Verstand in Einklang
bringe
und mich nicht auf meinen Status und meine
Rolle verlasse.
Damit ich mutig das Ganze im Auge behalte
und demütig meinen Anteil angemessen
einschätze.
Damit ich aber auch immer das Wohl der
Menschen
vor den Erfolg von Modellen stelle.

Herr, ich bitte dich um Kraft.
Kraft für die Herausforderungen,
damit ich mental und körperlich gesund bleibe.
Damit ich loslassen kann und andere fördere.
Damit ich aber auch geradlinig und verlässlich
bleibe
und mich nicht verbiegen lasse.

Danke für die Kraft an diesem Tag.

Gebet einer Flüchtlingsfrau aus Ruanda

Lieber Gott,
danke, dass wir in diesem Land Zuflucht finden
und uns wieder wie zuhause fühlen.
Jetzt dürfen wir wieder in Frieden und Freiheit
leben.
Ich bin den Menschen dankbar, die sich für
Flüchtlinge einsetzen und ihnen in der Liebe
Jesu begegnen.

Ich bete für Menschen, die auf der Flucht und in
Not sind.
Du siehst ihre Not.
Wir sind in Gedanken bei ihnen.

Gott, wir bitten dich:
Berühre die Herzen der Verantwortlichen.
Berühre Befürworter und Gegner
des Regimes in ihrer Heimat.
Lass Frieden und Liebe in ihre Herzen zurück-
kehren.
Lass sie den Mut haben, aufeinander zuzugehen.
Lass die Verantwortlichen Lösungen finden für
alle Menschen auf der Flucht.

Gott, wir bitten dich,
Zeige den vom Krieg traumatisierten Menschen
Wege zur Heilung.
Lass Frieden und Liebe bei uns allen einziehen.

In ere Pföenacht[9]

Im Werdenberger-Dialekt

Wie dr pföe tuet die nacht.
Wi n en uufloot wüetet der dur s taal.
Im huus hinne ggrizzgen d bälgge,
das me meint, er well abbreche.
Un doch ischt alls recht bhab.
Das huus het schon mengi pföenacht
überschtanne.
Es isch nid gföhrli, o wenns esoe chit.

Esoe chunn mer gedangge in sinn:
Im leebe isch es mengmool o esoe.
Mengi schtürm sinn schnell uspfuufet,
o wenn s ötschis verhuttlet henn.

Dr pföe het o ötschis schöes.
Es ischt en warme luft,
un er bloost o mengs ewegg,
wo vilicht o uuwichtig ischt.

Drum wett i sääge:
Gott, schengg doch mim innerschte
o mengmool eso n en aagneeme warme luft vu
dim geischt her,
wo mini gedangge durilüftet.
Un wie eme pföetaag mini sicht klarer macht.

---

9 Föhnnacht

Esoe wört s vilicht o eifacher,
zum dis liecht i mis innerscht ihi luu.

Stuune

Jo immer wieder chomm i nöd zom Stuune us
und denn verschlohts mer mengmol fascht de
Schnuuf,
wenn i diä Wunder öberall ringsom cha gseh.
Wenn s'Herz und d'Auge offe häsch,
gsiesch immer meh!
Gib dass mer in allne Gschöpf üs selber gsehnd
und meh Chraft zom Teile als zom Striite hend!

Lueg d'Sonn am Tag und d'Sterne i de Nacht,
sie wärmed üs und lüchted üs,
es is isch e Pracht.
Und d'Berg und d'Alpe, d'Wälder, d'Weide,
d'Flüss und s'Meer:
Du bisch i allem, jo das singt's ganz tüüf i mer!
Gib dass mer in allne Gschöpf üs selber gsehnd
und meh Chraft zom Teile als zom Striite hend!

Mer tenked vill und forsched, wössed immer
meh –
und glaubed no, was mehr chönd messe und au
gseh.
Doch was üs fehlt isch d'Rueh zom merke:
s'git no meh, als das wo üsi Menschenauge grad
chönd gseh!
Gib dass mer in allne Gschöpf üs selber gsehnd
und meh Chraft zom Teile als zom Striite hend!

Gebet eines Fussballers

Soeben hat ein Spieler den Elfmeter verschossen, der uns den
Pokal gebracht hätte. Und der Trainer? Der ruft ihn herbei.
Redet auf ihn ein: Er tröstet ihn!

Gott, ich hab auch schon manchen Elfmeter
verschossen.
Ich hab auch schon manchen Pokal verspielt:
in der Beziehung zu meinen Nächsten,
zur Schöpfung,
zu dir!

Und was höre ich aus deinem Wort?
Dass du mich herbeirufst.
Zu dir rufst!
Mich an die Seitenlinie holst.
Mich deine Worte hören lässt.

Du bist das Wort, Bruder Jesus.
Dein Wort, deine Vergebung, dein Zuspruch
trösten mich.
Mehr als Worte des besten Trainers.

Danke, du Tröster.

Gebet eines Töfffahrers

Gott der Freiheit,
Schöpfer des Himmels und der Erde:

Dir danke ich für die Fahrt in den Sonnen-
aufgang
und den Genuss des Abendrots über sattgrünen
Hügeln.
Dir danke ich für den Duft der Felder im
Morgentau,
für die Blumen, die Wälder, die Berge und die
Täler,
die ich mit meinem Töff ganz anders er-fahren
darf.
Dir danke ich für die Kurven
(vor allem die ohne Schachtdeckel)
und das unglaubliche Gefühl,
wenn das Drehmoment voll greift.

Wenn der Pneu auf Asphalt klebt,
dann packt mich die Freude an der Schräglage.
Wenn ich den Fahrtwind im Gesicht spüre
und für einen Moment alles andere vergessen
kann,
weil ich ganz im Hier und Jetzt bin, dann fühle
ich mich frei.

Ich bitte Dich:
Bewahre mich vor Unfall und Gefahr,
vor Leichtsinn und Übermut
und vor Autofahrern, die in mir einen Gegner
sehen,
nur weil ich schneller überholen kann.
Bewahre mich davor,
dass ich mit meinem Töff andere in Gefahr
bringe.
Denn ich will nicht vergessen,
dass jede Freiheit auch Verantwortung in sich
trägt.

Lass mein Töfffahren ein Weg sein,
auf dem meine Lebensfreude sichtbar wird.
Zu deiner Ehre!

Gebet eines Paares

Gott,
wir gehen neben einander her,
ein eingespieltes Team,
gefordert im Alltag,
geben wir unser Bestes.
Doch unsere Beziehung
bleibt oft auf der Strecke.

Wir sehnen uns
nach liebevoll geformten
Worten der Zuneigung
und zärtlichen Berührungen,
nach Verständnis und Leidenschaft.

Gott,
wir möchten einander
Raum geben,
uns einlassen
aufeinander.

Neu sehen,
was uns wichtig ist,
wovon wir träumen.

Einander erkunden und
nicht aufhören,
aufeinander zu achten.

Einander Blicke schenken,
die sagen:
Ich liebe dich,
du bist mir wichtig,
immer noch
immer wieder
neu.

Winzergebet

Guter Gott,
Jeder Tag, jedes Jahr bringt seine Freuden und
Sorgen mit sich.
Als Winzer kennen wir dies mit unseren
Trauben und unserem Wein.

Lieber Gott, wir wissen, dass viel von unserem
Können abhängt.
Aber wir erfahren auch jeden Tag, dass wir noch
viel mehr abhängig sind von der Natur.

Hinter allem, hinter der Natur und hinter uns,
stehst du.
Du gibst uns das Wollen.
Du gibst der Natur die Voraussetzungen.
Und du vollbringst.
Du schenkst Leben in die Reben und in uns.
Du schenkst uns Zeit, damit die Trauben süss
werden,
damit der Wein gären und reifen kann.

Du lässt zu, dass der Wein die Menschen
erfreut,
dass Gemeinschaften entstehen, dass aus
Fremden Freunde werden.
Guter Gott, sei du bei allen,
die deine köstliche Gabe mit Freude geniessen.

Sei du auch bei all denen,
die deinen Überfluss an Güte nicht erkennen
und gar zu tief ins Glas gucken.

Mutterleid – mitten in der Nacht

Mein Gott, in meinen Armen liegt unser lang
ersehnter Sohn.
Sein Köpfchen ist rot und heiss vom ständigen
Weinen.
Verzweifelt versuche ich, ihm die Brust zu
geben.
Er verweigert sie und weint und weint und weint
…

Wie ohnmächtig ich bin!
Allein, hilflos.
Wie schaff ich das nur?
Du, ich bin so erschöpft.
Dieses Weinen Tag für Tag, Nacht für Nacht.
Die Verantwortung für dieses zarte Wesen.
Du, ich habe Angst, die Geduld zu verlieren.
Weiss nicht, wie lange ich noch die Kraft habe.
Niemand kann mir das abnehmen.

Und dann nagt da diese Stimme in mir:
«Du hast versagt!»
Wohin mit meiner Scham?
Wem kann ich sie anvertrauen?

Und dann nagt da diese Stimme in mir:
«Du kannst ihm nicht geben, was er braucht,

du bist als Mutter nicht gut genug!»
Wohin mit diesem Gefühl zu versagen?
Wem kann ich all das anvertrauen?
Kann mich jemand verstehen?

Du, Gott, gib mir die Kraft durchzuhalten
durch Tage und Nächte.
Sei mit mir in dieser Einsamkeit.
Sei mit uns, jetzt, durch die Nacht.
Bitte!

Eingeladen

Herr Jesus Christus
Längst hast du den Tisch gedeckt
und mich zum Gastmahl eingeladen.
Doch ich bin nicht gekommen,
ich war zu beschäftigt
und taub für deine Stimme –
verzeih!

Zu spät stand ich draussen
mit deiner Einladung in der Hand.
Die Tür war mir verschlossen.
Beschämt wartete ich im Dunkeln
auf ein Zeichen
von dir.

Da kamst du.

Vertrauen

Du bist da

Wie Vater und Mutter am Anfang unseres
Lebens stehen,
bist du mit uns, lebendiger Gott.

Wie ein Freund, ein Begleiter mitgeht,
begleitest du uns, Jesus Christus.

Wie Atem und Wind uns beleben,
wirkst du unter uns, Heiliger Geist.

So begegne du uns, hier und jetzt.

Du bist das Leben

Lebendiger Gott,

Du bist das Leben, das uns umgibt.
Du bist das Leben, das in uns atmet.
Du bist der lebendige Raum zwischen uns.
Du bist das Leben, das wir weitergeben können.

Du bist das Leben,
das durch meine Mutter in mich gelegt wurde.
Du bist das Leben, über das ich nicht verfügen
kann.
Du bist das Leben in mir, das irgendwann ver-
geht.

Du bist das Leben, das ich jetzt spüre.
Du bist das Leben, für das ich dankbar bin.
Lass es fliessen, lebendiger Gott.
Lass es wehen.
Lass es blühen.

Du

Vater!

Du!

Manchmal finde ich die rechten Worte nicht.

Aber «du» zu dir zu sagen
berührt meine Seele.

Nur ein kleines Wort.
Wie die Saite einer Harfe:
In meinem Herzen gezupft,
vibriert sie im ganzen Körper.

Du!

Vater!

Christus unter uns

Du kamst einst zu uns, Gott,
du bist Mensch geworden,
du wohnst unter uns.

Du bist als kleines Kind eingetaucht
in unser menschliches Leben,
als Spross am dürren Stumpf,
eingepflanzt in den Staub der Erde.

Mitten unter uns Menschen,
in deiner Gemeinde,
in deiner Kirche.

Du, Christus, wohnst unter uns –
heute und jeden Tag.

Christus in unserer Mitte

Du wohnst unter uns, Gott,
du willst auch in uns wohnen.
Durchdringe unser erdhaftes Sein
mit dem Hauch deines Geistes.

Alles, was trocken, was tot ist in uns,
erfülle mit deinem ewig neuen Leben!

Schaffe dir Raum
in jedem Menschen,
in jeder Gemeinde,
in deiner Kirche!

Du, Christus in unserer Mitte –
heute und jeden Tag.

Wir in Christus

Du wohnst unter uns und in uns, Gott.
Wir sind eingeladen, in dir zu wohnen!

Umhüllt von deiner Liebe
wie mit einem Mantel,
geschützt und geborgen
wie unter einem Dach,
so lass uns leben
als deine Menschen,
als deine Gemeinde,
als deine Kirche.

Wir in Christus –
heute und jeden Tag
und in Ewigkeit.

Zur Ruhe kommen

Unser Gott,
du bist da.

Du bist die Ordnung,
die immer neu entsteht.

Du bist der Boden, der trägt.

Du bist der ruhige Klang.

Du bist da.

Gott, wie ist dein Name?

Meditation zum Lobpreis von La Verna

Du bist das Heilige,
der Urgrund,
der Unfassbare,
das Unaussprechliche.
Du bist das schöpferische Wort,
der Lebenshauch.
Du bist der Anfang und das Ende.

Du bist das ohnmächtige Kind,
ausgeliefert an unser aller Leben.
Du bist unser Hunger und Durst nach
Gerechtigkeit.
Du bist die Sehnsucht, die mich aufstehen lässt.

Du bist dreifaltig Einer.
Du tust Wunder.
Du bist die Liebe, die verwandelt.
Du bist die Sonne, die meine Erstarrung löst.
Du bist das Gute, das Licht und der Schatten.
Du bist der Regenbogen.
Du bist die Brücke zum Leben.

Du bist die Weisheit, die alles bedenkt und
keinen ausschliesst.
Du bist die Demut, die nicht das Ihre sucht.
Du bist die geduldig Wartende.
Du bist die Tiefe in meiner Oberflächlichkeit.

Du birgst uns in einem Mantel aus Güte.
Du bist die Ruhe, die sanfte Melodie im Lärm
unseres Geschwätzes.
Du bist die Hoffnung auf ein Leben in Fülle für
alle.
Du bist das Lachen und der Schrei der
Verzweiflung.
Du bist Dur und Moll.
Du bist die Blume am Wegrand und das Lamm,
das zur Schlachtbank geführt wird.

Du bist der ewig Suchende, der uns findet
im Gestrüpp der Verlorenheit.
Du behütest und beschützt uns wie eine gute
Mutter,
wie ein guter Vater.
Du bist unser Zuhause, jetzt und für alle Zeit.
Du bist die geöffnete Tür.
Du bist das Erbarmen, tief und weit.
Dein Mass der Liebe ist nicht von dieser Welt.

Franz von Assisi und sein Orden erhielten 1213 von Graf Catani
von Chiusi den Monte Alverna als Geschenk. Ein Jahr später kam
Franziskus nach La Verna, zog sich dort in die Einsamkeit zurück
und soll die Wundmale Christi empfangen haben.

Still in Gott

Ewiger,
sammle mich
in deine Ruhe
bis ich
Gebet bin
in dir.

Vertraue – noch em Psalm 139

Öberall wo n i gad bi, bisch du bi mer,
und alles wo n i bi und cha, da chunnt vo der.
Und du weisch immer, öb i sitze oder stoh,
sogär d Gedanke weisch, bevor i si tenke, scho.
Und tenk i öber all das no und cha doch nüt verstoh,
denn stuun i und cha s nu als grosses Wunder gseh!

Jo, du kennsch mi ganz und bis is Innerst ie,
und s git kein Ort, wo n i chönnt flieh vor der.
Und wärs im Himmel obe oder tüüf im Meer:
Jo öberall wärsch du döt halt scho lang vor mer.
Und tenk i öber all das no und cha doch nüt verstoh,
denn stuun i und cha s nu als grosses Wunder gseh!

Früe häsch du mi gschaffe, scho im
Mueterbuuch,
und häsch mer do scho gschenkt gär alls, wo n i
jetz bruuch.
Du häsch mi kennt bevor i gwösst ha wer i bi.
Mis Wese isch för di gär nie e Gheimnis gsi.
Und tenk i öber all das no und cha doch nüt
verstoh,
denn stuun i und chas nu als grosses Wunder gseh!

Mich dir anvertrauen

Gott, du siehst in mein Herz.
Du kennst meine Ängste.
Du weisst, was mich nachts nicht schlafen lässt.
Ich bitte dich nicht um eine bestimmte Lösung.
Ich lege meine Situation in deine Hände,
damit sie dort Linderung erfährt
und ich meinen Weg weitergehen kann.
In der Gewissheit, dass du mich festhältst.
Dann wird auch das Stolpern
von dir gehalten sein.

Danken

Danke

Gheimnisvolle Gott,
im Lauf vo de Johr
isch mis Gebät immer chörzer worde.
S'isch nur no eis chlises Wort.
Du weisch, wie gross das isch,
woni demit wött säge:

Danke.

Alles, was du gibst

Vertrauensvoll stehe ich hier
vor dir, weil du mich liebst.
Von ganzem Herzen dank ich dir
für alles, was du gibst.

Du bist die Nahrung, die ich brauch,
damit ich leben kann.
Bist Luft und Licht und Wasser auch
für mich von Anfang an.

Du schenkst alles bedingungslos,
genauso wie mein Leben.
Die Liebe ist unendlich gross,
die täglich du willst geben.

Vertrauensvoll steh ich drum hier
vor dir, weil du mich liebst,
und von ganzem Herzen dank ich dir
für alles, was du gibst!

Anfangen

Gott, Quelle des Lebens,
Wir sind da.
Wir danken dir für die grosse Freiheit, die uns
geschenkt ist.
Es ist nicht immer leicht, mit ihr umzugehen.
Es ist nicht immer leicht, zu glauben und zu
vertrauen.
Woran glauben? Worauf vertrauen?
Was brauche ich zum Leben?
Was brauche ich zum Glauben?
Wer bist du, Gott, und wo bist du?
Fragen, auf die uns die heutige Welt unzählige
Antworten bietet.
Sie machen den Glauben nicht einfacher, Gott.
Du sagst: Glaube ist ein Geschenk.
Darum bitten wir dich heute, Gott:
Hilf uns vertrauen,
dass du in der Vielheit der Fragen und
Antworten bist.
Hilf uns vertrauen, dass du es bist,
die uns im Antworten und im Fragen begegnet.

Raum I

Wo, mein Gott, ist Raum,
in dem ich sein kann
mit allem, was mich bedrängt?

Wohin mit den Fragen,
mit der Unruhe des Herzens?

Wohin mit dem Beengenden,
mit dem Stein auf der Brust?

Wohin mit dem Misslungenen,
mit dem, was an meiner Seele nagt?

Wohin mit den Träumen,
mit dem, was du von mir erträumst?

Wohin mit der Bitte um Ruhe,
um Kraft, um Mut, um Freundschaft mit dir?

Bei dir ist Raum, mein Gott.
In dir kann ich sein
mit allem, was mich bedrängt.

Raum II

Wo, mein Gott, ist Raum,
in dem ich sein kann
mit allem, was mich erfüllt?

Wohin mit dem Dank,
der mich erfüllt?

Wohin mit der innigen Hoffnung,
mit dem Zukunftsglauben, der mich nährt?

Wohin mit der mir geschenkten Liebe,
mit der Herzenswärme, die mich durchdringt?

Wohin mit dem Gefühl der Verbundenheit
mit Mensch und Tier und Blume und Stern?

Wohin mit den vielen Erinnerungen,
mit den Geschichten, die mich formen?

Wohin mit der Freude über das Gelungene,
über alles unverdiente Glück?

Bei dir ist Raum, mein Gott.
Ich danke dir.

Klagen

Klage – in tiefer Not

Vater,
Ich bitte dich, hilf mir!

Ich bin am Ende.

Ich flehe dich an:
Reiss mich heraus
aus meiner abgrundtiefen Not.

Lass nicht zu, dass ich zugrunde gehe.

Ich bitte dich inständig.

Du weisch ès

Du, Jesus,
jetzt isch aber gnueg Heu dune.
Ich mag nüme esoo wiiter.
Vorne dure lächled d'Lüüt mich aa,
hine ume verriesseds ihres Muul gäge mich.
Sie wänd mich use-n-ekle
und schämed sich nöd emal defür.

Miin Gott, du weisch, wies i mir usgseet.
Uf diich vertrou ich, vertroue und zwiifle.
Ich bin glade mit Wuet und voll Angscht bi
Taag und Nacht.
Zeig dene emal, wie das weetuet, wo sie ander-
ne aatüend.

Ich weiss, du, Herr, häsch alli gsägnet, Fründ
und Find.
Du häsch au dene vergää, wo dich plaged händ
bis ufs Bluet.
Ich weiss nöd, öb ich das fertig bring.
Ich chum mir vor wie d Muus,
wo vor de Chatz devorännt und i de Fale landet.
Ich mags nüme verträäge.
Aber du häsch Geduld ghaa mit de Böse,
häsch nöd vor ene gkuscht,
häsch si trotz allem gern gha,
ihne dini Liebi gschänkt.

Du, Jesus,
hilf mer us em Chefig vo de Angscht.
Lan mich nöd im Stich und zeig mer de Wäg,
wo-n-ich ufrächt cha gaa.
Wänn du für mich bisch, wer chas mit mir
ufnää?
Du lasch mich wider schnuufe und bringsch
mich uf dBei.
Dir will ich vertroue.
Bliib bi mèr.

Gott, die du immer mit mir bist

Ich kriege das Leben nicht in den Griff.
Ob ich morgen noch da bin,
ist unsicher.

Was meinen Lieben geschehen wird,
weiss ich nicht.
Vielleicht läutet gleich das Telefon
und ich höre eine Nachricht,
die mein Leben von Grund auf verändern wird.

Gott,
ich beklage mich, jammere, seufze.
Und ich habe Grund dazu,
ausgesetzt bin ich in ein Leben,
das sich nicht bändigen lässt.
Ständig unterwegs. Immer bedroht.

Gott,
ich beklage mich.
Warum kann ich nie einfach meine Ruhe haben
und sicher sein?
Hat die Angst vor Schiffbruch denn nie ein
Ende?

Gott,
zeig mir doch, wohin das alles führen soll!

In Trennung

Gott,
unsere Liebe
ist zerbrochen wie ein Krug.
Überall Scherben.
Wut und Ohnmacht.

Was ist geschehen?
Warum nur?

Splitter und Risse,
unendlicher Schmerz.
Mein Versprechen
vor dem Traualtar –
gebrochen.
Mein Herz blutet.
Ich schäme mich.

Gott,
vergib mir meine Fehler.

Die zerbrochenen Stücke
vertraue ich dir an,
damit wir uns und unsere Kinder
nicht weiter verletzen
an den Scherben
des zerbrochenen Liebeskrugs.

Hilf, Herr Gott, hilf!

In Anlehnung an das «Pestlied» von Huldrich Zwingli

Innehalten

«Hilf, Herr Gott,
hilf in dieser Not!
Ich mein, der Tod
sei an der Tür.»

Sie klopfen an,
die stummen Stimmen,
an unsre Tür von Land und Stadt:
Sie sind geflohen von weither,
sie sind gestrandet, gerettet aus dem Meer.
Sie tragen Beulen, wie Pest, an ihrem Körper:
«Nein, du gehörst nicht hierher! Halt, bleib
stehen dort!
Wir sind nicht zuständig! Du musst fort!»
Pestbeulen sind das, Herrgott nochmal!

Bleib bei ihnen,
überwunden hast du Flucht, Not und Tod!
Zu dir schreien sie,
seufzen sie, wimmern sie.
Ist es dein Wille,
dann zieh ihnen aus den Pfeil,
der sich ins Innerste bohrt,
sie verbluten lässt, sie tötet.
Dein Gefäss sind wir,

form uns als Klangschale,
halte uns – innig,
innehalten.

So erklingt dein Wort
aus der Stille – zärtlich, sinnlich, befreiend.

Entscheiden

«Tröst, Herr Gott, tröst!
Die Krankheit wächst,
Weh und Angst fasst
mein Seel und Leib.»

Dein Entscheid ist gefallen:
Leben heisst, geboren werden und sterben.
Zerbrechen, krank werden, Brüche erleiden,
schwächer werden, behindert sein, Treue
brechen:
all das sind Fäden aus dem Stoff,
gewoben von dir schon im Mutterleib.

Unsere Zungen sind stumm,
Missbrauch, Depression und Demenz
verschlagen das letzte Wort.
Unsre Sinne sind alle verdorrt,
Sinnloses auszuhalten ist so schwer.
Wie soll ich entscheiden,
wenn es um Comingout geht,
um Exit oder Neuanfang?

Trostlos ist das, Herrgott, nur einmal Trost.
Ja, es ist Zeit,
dass du dich entscheidest,
für mich zu kämpfen,
mit mir zu leiden,
anstelle von mir zu schreien,
durch mich zu widerstehen
all den teuflischen Mächten und Kräften.

Handeln

«G'sund, Gottseidank, g'sund!
Ich mein, ich kehr
schon wied'rum her.»

Ermächtigt hast du mich
und mit mir all meine Schwestern und Brüder,
aus vielen Konfessionen, aus allen Religionen,
für Liebe, Glaube und Hoffnung.

Aufrecht gehen wollen wir,
um Frieden zu stiften, Dialoge zu führen,
Begegnungen zu ermöglichen,
Gewaltlosigkeit zu leben.

Hinstehen möchten wir,
um Schutz und Schild dort zu sein,
wo Unschuldige an den Pranger gestellt,
wehrlose Kinder, Frauen und Alte schamlos
zur öffentlichen Qual gestellt werden,
im Internet, in Facebook, in Twitter.

Mitfühlen können wir,
wenn Geiz, Eifersucht und Beschämung
Menschen krank machen, verletzen und zu
Boden zwingen.
Vergeben dürfen wir,
wo Schuld und Sünde drücken und töten.

Wir loben dich, Gott sei Dank,
hast du dich in Jesus Christus hinziehen lassen
in unsere Tage des Elends und des Todes.
So handelst du in uns und wir in dir,
zum Heil der Menschen
und zu deiner Ehre.
«Ohn den nichts kann vollkommen sein!»

Nach einem Terroranschlag

Du, mein Gott,
mein Herz schreit auf,
mein Innerstes ist wund.
Das Grauen verschlägt mir die Sprache.
Unschuldige haben ihr Leben verloren.

Warum nur, warum?
Wozu sind verirrte Menschen fähig?
Ich finde keine Antwort, mein Gott.
Darum suche ich dich.

So viel Leben und Gewissheit ist zerstört.
Ich bin allein auf dich geworfen
und flehe dich an:
Höre die Schreie der Verzweifelten,
steh den Überlebenden bei.

Verbirg dich nicht.
Tröste.
Bewahre mein Vertrauen.

Nach einer Katastrophe

Du, mein Gott,
diese Bilder sind entsetzlich.
Wer kann begreifen,
was da geschehen ist?
Fassungslos blicke ich auf die Zerstörung.
Sprachlos versuche ich, das Leid zu teilen.

Was wird noch geschehen?
Wie viel Kummer, Not, Angst und Schmerz
wird die Menschen noch treffen?

Fragen, auf die ich keine Antwort weiss.
Fragen, die ich in deine Hände lege.
Hilf mir vertrauen und hoffen.
Lass mich tun, was in meinen Kräften liegt.

Bitten

Bleibe bei uns

Bleibe bei uns: Halte Schritt an unsrer Seite.
Lass uns im Schatten deines Lichtes gehen.
Lass uns im Lichte deines Schattens wandern.
Du bist uns in Gefahr Gefährte.

Bleibe bei uns: Tages Schatten werden länger.
Lass uns im Schatten deines Lichtes gehen.
Lass uns im Schatten deines Hauses rasten.
Du nährst uns mit dem Brot des Lebens.

Bleibe bei uns: Gib uns Gnade, Schritt zu
halten.

Lass uns im Schatten deines Lichtes gehen.
Lass uns im Lichte deines Schattens wandern
zum einen, deinem grossen Licht.

Zum Anfang eines Kurses

Gott, unser Vater:
In deinem Namen sind wir hier beisammen,
weil wir nach lebendigem Wasser dürsten,
weil uns hungert nach deinem Wort,
weil wir dich besser kennenlernen wollen.

Jesus Christus, unser Bruder:
Aus unserem Alltag heraus sind wir hierher
gekommen.
Wir stammen aus verschiedenen Orten und
Regionen,
arbeiten in unterschiedlichen Berufen und
Arbeitswelten,
leben in vielfältigen Familienverhältnissen und
Traditionen.
Und doch sind wir in aller Unterschiedlichkeit
Glieder eines Leibes. Sei du unser Haupt.

Heiliger Geist:
Wie eine Mutter kennst du uns,
besser als wir uns selbst kennen.
Begleite uns durch diese Zeit des gemeinsamen
Lernens.
Lass uns furchtlos debattieren und streiten.
Hilf uns in deiner Liebe zu bleiben und einander
zu achten.

Dreieiniger Gott, mach uns empfänglich für alles,
was uns zu dir führt.

Deine Traktandenliste

Vor einer Sitzung

Gütiger Gott, wir haben uns versammelt,
um Entscheidungen zu treffen.
Wir haben unsere Traktanden, du aber hast die
deinen.
Lass uns ehrlich debattieren und
vorausschauend beschliessen.
Hilf uns, in unseren Geschäften
die deinen an die erste Stelle zu setzen.

Herr Jesus Christus,
wir haben uns versammelt, um deine Kirche zu
gestalten.
Wir haben unsere Vorstellungen davon, du aber
hast die deinen.
Weite unseren engen Horizont und unsere
kleinen Herzen,
damit wir für Menschen da sind, so wie du es
warst.

Heilige Geistkraft,
wir haben uns versammelt, um Probleme zu
lösen.
Wir haben unsere Ideen, du aber hast die deinen.
Inspiriere uns zum Denken, zum Hören,
zum Reden und zum Tun.
Öffne unsere Augen für deinen Weg.

Quelle des Lebens

Gott, Quelle des Lebens,
Wir sind da.
Wir danken dir für die grosse Freiheit, die uns
geschenkt ist.
Es ist nicht immer leicht, mit ihr umzugehen.
Es ist nicht immer leicht, zu glauben und zu
vertrauen.

Woran glauben, worauf vertrauen?
Was brauche ich zum Leben?
Was brauche ich zum Glauben?
Wer bist du, Gott, und wo bist du?

Fragen,
auf die uns die heutige Welt unzählige
Antworten bietet.
Sie machen den Glauben nicht einfacher, Gott.

Du sagst: Glaube ist ein Geschenk.
Darum bitten wir dich heute, Gott.
Hilf uns vertrauen, dass du in der Vielheit der
Fragen und Antworten bist.
Hilf uns vertrauen, dass du es bist, die uns im
Antworten und im Fragen begegnet.

Du bist die Liebe

Gott, du bist die Liebe, und wer in ihr bleibt,
der bleibt in dir und du in ihm.

Gib, dass wir als Menschen
deine Liebe weitertragen in eine Welt,
die sich nur um sich selbst dreht.

Mach unsere Liebe stark und ausdauernd
im Verhältnis zueinander und
im Verständnis füreinander.

Lass unsere Liebe Grenzen durchbrechen,
denn du hast uns alle in Jesus Christus
zu Brüdern und Schwestern gemacht.

Deine Liebe bleibt, du liebender Gott.
Schaffe ihr Raum in uns und in der Welt.

Obdach geben

Befreiender Gott,
du sendest deine Boten aus in die Fremde.
Jenseits von Eden, in der Wüste, lässt du dich
finden.
Auf dein Wort hin sind Menschen ausgezogen,
sie haben eine neue Heimat gefunden.
Wie sollten wir da nicht Obdach geben denen,
die auf der Flucht sind?

Gelassenheit, Demut und Kraft

Guter Gott,
ich danke dir, dass du deine schützende Hand
über meine Lieben und mich hältst.
Ich danke dir, dass du uns im Alltag unterstützt
und uns hilfst, das Gute zu sehen und die Liebe
zu erkennen.

Gib mir die Kraft, gemeinsam mit meinen
Lieben,
meinen Freunden und meinen Mitstreitern den
Alltag zu meistern und das Positive im Leben zu
sehen.

Gib mir die Kraft, die Erwartungen zu erfüllen,
die andere in mich setzen.

«Gib mir die Gelassenheit, die Dinge
anzunehmen,
die sich nicht verändern lassen
und die Kraft, die Dinge zu verändern,
die sich ändern lassen.»[10]

Gib mir die Demut, Distanz zu mir selbst zu
halten
und stets zu hinterfragen, welche Auswirkungen
meine Handlungen auf andere haben.

---

10 Reinhold Niebuhr.

Segne alle Menschen, die in Gesellschaft,
Politik, Wirtschaft und Kirche Verantwortung
tragen
und hilf ihnen, die richtigen Entscheidungen zu
treffen.

D Welt, wie Gott sie denkt het (noch Mt 5)

Als Leitvers ist nach jeder Seligpreisung zu sprechen:

Ihri Heimet isch d Welt, wie Gott sie denkt het.

Bi Mensche, wo gschpüred, was ihres Läbe riich
macht und uf waa das es aachunt,
wird de Säge vo Gott Würklichkeit: …

Mensche, wo chönd truurig si und au Troscht
chönd zueloo: …

Dene Mensche, wo uf Gwalt verzichdet,
schtoht vill Ruum zum Läbe zue: …

De Mensche, wo uf Grächtigkeit planged,
söll ihres Sehne gschtillt werde: …

Mensche, wo anderne ihres Herz uftüend,
sölled für sich selber e offes Herz törfe finde: …

Mensche, wo us tüfschtem Herz Guets tue
wönd und Guets tüend, begegnet Gott scho im
irdische Läbe: …

Mensche, wo sich für de Friede iisetzed,
sind Söhn und Töchtere vo Gott: …

Bi Mensche, wo verfolget und plooget werded,
wil si Grechtigkeit verlanged, wird de Säge vo
Gott Würklichkeit: …

Alli Mensche, wo z Unrecht usgrenzt,
verfolgt und verlümdet werded,
will sie d' Frohbotschaft vo Gott wend
verwürkliche: …

Schick mir einen Engel

Lebendiger Gott,
du bist zu uns gekommen.
Du forderst uns heraus.
Deine Engel sagen uns: Fürchtet euch nicht!
Und dann fürchten wir uns doch:
Vor Strafen,
vor dem Urteil der anderen,
vor deinem Gericht.

Lebendiger Gott,
manchmal schickst du mir einen Engel,
einen Boten, der mir sagt: «Fürchte dich nicht!»
Dann werde ich plötzlich mutig,
springe über meinen Schatten,
tue um «Gottes Willen etwas Tapferes».

Manchmal schickst du mir keinen Engel,
dann zaudere ich und weiss nicht weiter,
dann wünsche ich mir ein Happy End,
und dass mir jemand die Verantwortung ab-
nimmt.

Lebendiger Gott,
schick uns Engel,
die uns begleiten.
Hier und jetzt und darüber hinaus ins Ewige.

Bitten nach einer Katastrophe

Ewiger Gott, in diesen Tagen des Entsetzens,
der Trauer und des Bangens bin ich vor dir.
Die Bilder des Grauens sind gegenwärtig.
Ich fühle mich klein, hilflos und ohnmächtig.

Ich hoffe für diejenigen,
die Angehörige oder Freunde vermissen,
dass sie die Hoffnung nicht aufgeben,
dass du Menschen zueinander führst,
die sich im Chaos verloren haben.

Ich denke an Kinder,
die ihre Eltern vermissen
und an Eltern,
die um ihre Kinder trauern.
Schenk ihnen Menschen,
die zuhören und für sie da sind.

Lass die vielen nicht allein,
die jetzt an dir verzweifeln.

Sei bei den Hilfskräften.
Gib ihnen Kraft zu ertragen,
was ihnen auf Schritt und Tritt begegnet.
Hilf ihnen, die richtigen Entscheide zu treffen.

Um Vergebung bitten

Dir Gott,
darf ich sagen, was mich bedrückt.
Vor dir darf ich ehrlich sein.

Du weisst,
wo ich Schuld auf mich geladen habe:
An meinen Mitmenschen,
an mir
an dir.

Du siehst,
was ich nötig habe
und wo ich Vergebung brauche.

Nimm weg,
was mich trennt von dir,
von mir,
von meinen Mitmenschen.

Und ich bitte dich:
Sprich mich frei.
Vergib mir.
Heile mich.

Ich danke dir.

Befreie mich

Hilf mir loszulassen,
was ich nicht mehr brauche,
was mich belastet,
was mich bindet und gefangen hält.

Frei sein will ich, ungebunden,
frei sein für das, was mir gut tut,
was mich weiterbringt,
und meine Energien freisetzt.

Löse mich von Vorurteilen
und Festgefahrenem.

Befreie mich von der Last,
alles allein machen zu müssen
und von der Idee, die Welt retten zu müssen.
Nicht ich rette die Welt, sondern du.

Dein Wort
will ich vernehmen,
im Herzen bewegen.

Leite mich,
begleite mich,
führe mich,
entführe mich von mir.

Gib, Herre Gott

Dieses Kirchenlied von Johannes Kessler ist das einzig erhaltene «Gebet» aus der St. Galler Reformationszeit. Die Übersetzung stammt von Sarah Herzog, Wien 2016, im Auftrag der Gemeinschaft Evangelischer Kirchen in Europa (GEKE).

Herr, Gott, gib deinem Knecht
deinen Geist, um ihn deine Gerechtigkeit zu
lehren
gemäss deinem klaren Willen.
Lass uns, deine Gemeinde, als deine Schafe
nur deine Stimme hören
und im Glauben gefestigt und bewährt sein.
Hilf, dass der Samen deines göttlichen Wortes
nicht auf unfruchtbaren Boden fällt –
sondern mögest du den Segen geben,
dass unser Herz als guter Grund
jederzeit Frucht bringt
durch Jesus Christus bis ins ewige Leben.

Originalfassung

Gib, Herre Gott, dem dinem knecht
Din gaist zu leren deine recht
Nach deinem willen klare.
Gib uns den schäfflin diner gmain
Das wir din stimm hörend allain
Im glouben vest und ware.
Hilff, das der somm din Göttlich wort
Nit fall an kain vergebens ort

Den sägen wöllist geben.
Das unser hertz ain gutter grund
Durch Jesum Christum alle stund
Bring frucht ins ewig leben.

Krank sein

Am Krankenbett I

Gott,
der du uns Vater bist und bleibst,
lass uns mit unserem Kummer
und unserer Angst zu dir kommen,
wir selbst werden sie nicht mehr los,
unsere Hoffnung wird immer kleiner,
wir merken, dass wir selbst nichts mehr tun
können.

So stehen wir hilflos am Bett unserer Tochter,
erleben mit, wie der Krebs immer mehr nach ihr
greift.

Schmerzen und Angst quälen sie.
Wir finden in allem keinen Sinn.

Gott,
wir bitten dich,
lass uns nicht im Stich in unserer Not,
nimm unsere Tochter und uns in deine Arme,
Was auch immer auf uns zukommen mag,
lass uns spüren, dass du uns festhältst und trägst.

Sei du unser guter Hirte.
Bei dir ist möglich, was wir für unmöglich
halten.

Am Krankenbett II

Du, unser Gott,
wir wissen nicht, warum N. N. diese Krankheit
getroffen hat.
Doch wir wissen, du selbst hast in Christus diese
Frage gestellt.
Er hat am Kreuz gerufen: «Warum, mein Gott?»
Und so vertrauen wir, dass Christus mit uns ruft
und fragt,
dass du unsere Ratlosigkeit zutiefst kennst.

Du, unser Gott,
du weisst um seinen Wunsch, wieder gesund zu
werden.
Ich lege ihn dir hin, im Wissen darum,
dass unsere Wünsche nicht immer so in Erfül-
lung gehen,
wie wir es uns erhoffen.
Doch eines wissen wir:
Was auch immer die Zukunft bringt, du bist da!
Du bleibst an seiner Seite und lässt ihn nicht im
Stich.
Denn es gibt nichts, was uns von deiner Liebe
trennen kann;
keine Krankheit, kein Schmerz.

Und so bitte ich dich nun: Umhülle ihn,

liebender Gott,
wie ein warmer Mantel.
Lass ihn spüren, dass du da bist.
Schenke ihm Kraft.
Du weisst, was er braucht und was ihm gut tut.
Danke, dass du da bist.

In schwerer Krankheit

Krebs nagt an meinem Innern.
Er macht mich müde.
Ich kann mich kaum noch auf den Beinen
halten.

Gott, es ist zu früh zum Sterben!
Es ist ungerecht!
Wird es je Heilung geben?

Gott, ich danke dir,
dass du mir Menschen zur Seite stellst,
die mir helfen, mit der Krankheit zu leben.

Hilf meinen Angehörigen, mich auszuhalten
in meinem veränderten Zustand.
Hilf Ihnen, die Krankheit zu akzeptieren,
dass sie mich nicht mit falschen Hoffnungen
überhäufen.

Gib meiner Frau die Kraft, mich loszulassen
und für die Kinder zu sorgen.
Schenke uns noch genügend Zeit füreinander.

Die Beziehung hat sich verändert,
sie ist intensiver geworden.
Mich schmerzt der Gedanke,
dass wir auseinandergehen müssen.

Was mutest du uns zu, Gott?
Halte mich in deinen Händen!
Du Geber meines Lebens.

Ermutige mich, wenn Schatten meinen Weg
verdunkeln.
Sei Licht auf meinem Weg.

Ausgebrannt

Gott, nichts geht mehr.
Ich spüre mich nicht mehr.
Ich fühle, dass ich nicht mehr fühlen kann.
In mir ist es leer.
In meinem Kopf ein Durcheinander!

Gott, nichts geht mehr.
Um mich herum Berge und Abgründe.
Ich fürchte mich zu verlieren.
Ich sehe keinen Weg.
Ich kann nicht mehr, alle Kraft ist weg.

Gott, nichts geht mehr.
Ich will weg.
Ich will mich verkriechen.
Ich will raus.
Ich will schlafen, nur schlafen.

Gott, nichts geht mehr.
Ich sehne mich nach Menschen, die mich
umarmen.
Ich sehne mich nach einer segnenden Hand.
Ich sehne mich nach einem guten Wort.
Ich sehne mich nach einem Gebet für mich.

Gott, nichts geht mehr.
Ich will schreien.
Ich finde keinen Ton.

Ich vertraue dir.
Ich lege mich in deine Hand.
Ich warte auf dich.
Hilf mir, Gott.

Kei Hoffnig meh

Oh Gott,
du häsch es mit üs ghört:
D' Ärzt händ üs die letscht Hoffnig gnoh,
es seig nünt me z mache.

Üs fähled d Wort.
Es tuet so weh!

Du weisch,
was i üs vorgooht,
was mir am meischte wünschted.

Loon üs jetzt nöd elei,
schtärch üs im Vertraue,
dass mir mitenand
dör di tunkli Ziit dörefindet.

Zeig üs Wääg, wo mir go chönd,
au wenns schwäri Wääg för üs chönd werde.

Beten mit einem Menschen mit schwerer Demenz

Ich erkläre meinem Gegenüber, was wir jetzt tun. Ich spreche langsam und ruhig, und wir falten die Hände ineinander. Die kursiv gedruckten Zeilen wiederholen wir gemeinsam.

Hier sind wir, Gott,
in deine Hände lege ich mein Leben.
Wir spüren unsern Atem und unsern Herzschlag
Schön, dass wir jetzt Zeit haben für dich.

Du bist da, Gott,
in deine Hände lege ich mein Leben.
Wir hören die Geräusche im Zimmer und auf dem Gang.
Aber jetzt wollen wir mit dir reden.

Du liebst uns, Gott,
in deine Hände lege ich mein Leben.
Ich vergesse viel, ich weiss nicht wo ich bin, und ob es Abend ist oder Morgen, das weiss ich auch nicht

Du vergisst mich nicht, Gott,
in deine Hände lege ich mein Leben.
Ich sehne mich nach Ruhe. Hektik ertrage ich nicht.
Ich spüre viel und bin schnell überwältigt.

Du umgibst mich, Gott,
in deine Hände lege ich mein Leben.

Ich kann nicht zwei Dinge aufs Mal tun,
ich kann mich nicht entscheiden
Ich bekomme schnell Angst und fühle mich
unter Druck.

Du schaust zu mir, Gott,
in deine Hände lege ich mein Leben.
Ich will dich loben, mein Gott, und dir singen,
denn du meinst es gut mit mir.
Wie gut, dass du mich nicht vergisst.
Wie gut, dass du mich liebst.

Morgengebet für Angehörige von Menschen mit Demenz

Gott, ich komme zu dir an diesem Morgen.
Ich weiss nicht, was der Tag uns bringt
und ob ich das alles bewältige, was es zu tun
gibt.

Du weisst, dass ich von Herzen gern für ihn da
sein möchte.
Ich freue mich über jedes kleine Glück,
jeden sinnstiftenden Moment,
jedes Zeichen der Hoffnung
und jede Hilfe und Entlastung.

Ich will mich verlassen auf das, was uns trägt:
alles gemeinsam Erlebte,
alles, was unser Leben reich gemacht hat,
alles, was wir durchlitten haben,
alles, was du uns geschenkt hast.

Ich will aber auch auf mich achten heute,
meine Grenzen erkennen,
mir Gutes gönnen,
das Schöne nicht übersehen
und immer wieder zur Ruhe kommen.

Ich will diesen Tag nehmen, wie er kommt.
Ich will mich nicht verlieren in Kummer und
Sorgen,

sondern mich ganz auf deine Hilfe verlassen.
Lass uns lachen und fröhlich sein miteinander,
weinen und klagen,
und dem Leben in seiner Fülle begegnen.
Segne uns beide, treuer Gott.
Darum bitte ich dich:
Halte deine Hände über uns. Vergiss uns nicht.

Gefangen in der Sucht

Herrgott, es geht schon wieder los.
Dabei weiss ich genau,
dass heute Schluss sein muss,
endlich wieder und endgültig.
Jeden Tag probier ich's doch.
Herrgott noch mal!
Ich halte das nicht mehr aus.
Ewig dieses Ziehen und dieser Stress.
Ich will doch total endlich weg.
Warum geht das nicht?

Dein Wille geschehe.
Ja, aber warum geht das nicht?
Herrgott, ich will doch endlich weg.
Aber es zieht schon wieder,
schon seit dem Morgen früh.
Ich kann nicht anders, kann nicht mehr.
Und keiner weiss, wie das ist,
und niemand versteht's,
keiner weiss, wie das ist,
aber du doch, du.

Herrgott, hilf doch!
Du müsstest es doch wissen, wie.
Wie ich weg will.
Ich will doch weg von dem Zeugs.

Aber immer wieder zieht es und stresst.
Ich will doch, aber ich kann nicht.
Ich will's wieder probieren.
Ja, aber Herrgott,
wie schlimm das ist!
Ich versprech's, ich hör auf,
aber ich kann einfach nicht.

Kannst du nicht endlich,
Herrgott, einmal helfen.
Nur dieses eine Mal noch.
Es ist noch nicht Mittag,
und ich kann schon nicht Abend denken.
Wie soll ich da weiter?
Herrgott, wenn es dich doch gibt!

Gebete in verschiedenen Sprachen

Semer les graines de vie 500 ans après!

Je sors pour semer, Seigneur
et pourtant, le soir est tombé et mon cœur est
lourd.

Mais je sors pour semer l'espérance,
Ton espérance, par petites doses, avec patience,
sans stress.

Je sors pour semer cette Parole de vie dans les
cœurs avec l'espoir d'y faire germer le courage,
bien que fragile,
pour avancer malgré l'échec,
malgré le doute, malgré la peur.

Mais je sors pour semer ta bonté,
par petites doses, avec l'espoir
de vaincre à tout jamais, les pouvoirs de la
haine.

Car c'est toi qui m'envoies, Seigneur,
aujourd'hui encore pour semer les milliers de
graines,
à tout vent, les graines de la tendresse infinie de
Dieu.

Merci à toi de me faire confiance et d'y croire
encore, toi, Seigneur.

Samenkörner des Lebens aussäen,
500 Jahre danach!

Ich will aussäen, Herr,
aber es ist Abend geworden und mein Herz ist
schwer.

Dennoch gehe ich hinaus, um Hoffnung zu
säen,
bescheiden, geduldig, entspannt.

Ich gehe hinaus, um das Wort des Lebens in die
Herzen zu säen,
in der Hoffnung, dass dort Mut spriesst. Verletzlich zwar
und doch wird er wachsen, dem Scheitern,
dem Zweifel, der Angst zum Trotz.

Ich gehe hinaus, um deine Güte auszusäen, es ist
wenig,
aber die Hoffnung ist gross,
die Mächte des Hasses zu besiegen, ein für alle
Mal.

Denn du schickst mich, Herr,
damit ich Samenkörner ausstreue, zu Tausenden,
auch heute – in alle Winde –
die Samen der unendlichen Liebe Gottes.

Ich danke dir, Herr, dass du mir vertraust und
du, Herr, dich darauf verlassen willst.

Entendre ta voix Seigneur,
500 ans après!

Seigneur, mon Dieu.
Je me sens parfois comme ce tambour qui résonne au loin,
entrainant avec lui toutes ces voix qui se pressent à ma porte.

Tant de voix, Seigneur, qui parlent de nos soucis quotidiens,
du travail à bien mener, de la famille à sauvegarder.

Tant de voix, Seigneur qui crient dans les rues, sur les chemins de l'exil,
dans les tréfonds des prisons, tant d'engagements à respecter au service de mon prochain.

Au milieu de tant de voix, trop souvent ta voix, Seigneur, est couverte par trop de bruits et de rumeurs.

C'est pourquoi, en cette année de célébration, de commémoration, je veux que ta voix se fasse entendre dans le brouhaha de mon existence.

Seigneur, mon Dieu.
Que ton Esprit prépare mon intelligence et mon cœur à entendre ta voix

Et qu'il réveille en moi cet élan profond de régler mes jours
sur la ligne de ton Évangile par des gestes forts de libération.

Deine Stimme hören, Herr,
500 Jahre nach der Reformation!

Herr, mein Gott
Wie eine Trommel fühle ich mich manchmal,
die in der Ferne erklingt und all diese Stimmen
mitnimmt, die sich vor meiner Türe zusammen-
drängen.

All die Stimmen, Herr, die von unseren Alltags-
sorgen sprechen,
von der Arbeit, die man gut erledigen will, von
der Familie, die es zu beschützen gilt.

All die Stimmen, Herr, die schreien. Auf den
Strassen.
Auf Wegen, die in die Fremde führen. Aus Ge-
fängnissen heraus.
All die Verpflichtungen im Namen der Nächs-
tenliebe.

Inmitten all der Stimmen wird deine Stimme,
Herr, zugedeckt von Gelärm und Gerücht.

Deshalb will ich, dass in diesem Jahr der Feier-
lichkeiten und des Erinnerns sich deine Stimme
Gehör verschafft im Gedröhn meines Daseins.

Herr, mein Gott,
Möge dein Geist meine Sinne und mein Herz
öffnen,
damit ich deine Stimme höre.
Möge dein Geist die Kraft in mir wecken,
die meine Tage ins Licht es Evangeliums stellt
und befreiende Taten vollbringt.

500 ans après, aujourd'hui, encore, je cherche

Aujourd'hui Seigneur,
je cherche ton regard,
si proche et si lointain à la fois.
Aujourd'hui, Seigneur, je cherche les signes de
ta présence dans un monde tellement bousculé.

Aujourd'hui, Seigneur,
je cherche ta paix alors que tout s'effondre
autour de moi,
mon travail, ma famille, mes certitudes.

Aujourd'hui, Seigneur,
je cherche dans le silence et cette nature si
merveilleuse,
Ton visage qui me dit d'espérer encore et tou-
jours,
contre toute attente
Et croire qu'aujourd'hui encore tu comptes sur
moi pour vivre
Ton message d'amour, de réconciliation, de
pardon.

Aujourd'hui, Seigneur,
fais tomber les écailles
qui couvrent mes yeux
afin que je voie au-delà des apparences, au-delà
des mots, ton œuvre dans ma vie.

Aujourd'hui, Seigneur,
renouvelle mon cœur et mon âme par l'action
de ton Esprit afin que je puisse dire avec force et
courage:
Aujourd'hui, je crois!

500 Jahre danach, heute, immer noch bin ich auf der Suche

Heute, Herr,
suche ich deinen Blick,
der so nah ist und fern zugleich.
Heute, Herr, will ich die Zeichen deiner
Gegenwart suchen in einer durchgeschüttelten
Welt.

Heute, Herr,
suche ich deinen Frieden,
während alles einstürzt um mich,
meine Arbeit, meine Familie, meine
Gewissheiten.
Heute, Herr,
suche ich in der Stille
und in den Schönheiten der Natur dein Gesicht,
das mir sagt, dass ich hoffen soll, immer wieder,
entgegen aller Erwartungen,
dass ich glauben soll, dass du auch heute auf
mich zählst,
damit ich nach deinem Wort der Liebe,
der Versöhnung und Vergebung lebe.

Lass heute, Herr,
den Schleier fallen, der meine Augen verhüllt,

damit ich jenseits von Schein und Gerede dein
Handeln sehe in meinem Leben.

Erneuere heute, Herr, mein Herz und meine
Seele durch das Wirken deines Geistes,
damit ich mit Kraft und Mut sagen kann: Heute
glaube ich.

Dio, nessuno mi sente

Dio,
nessuno mi sente,
nessuno mi ascolta,
a chi posso rivolgermi
se non a te.

Mi sento solo.
Mi manca la forza per andare avanti.
Non posso spiegarmi cosa sia successo
che mi ha rubato l'energia e la voglia per
continuare.
L'unica cosa che mi resta è la mia fede.

Tu non mi abbandoni mai.
Tu credi sempre in me.
Dammi un pò di tempo e vedrai,
grazie a te tornerò ad essere quello di prima,
pieno di ottimismo, con la forza necessaria per
dare tutto
ciò che è in me.

Gott, keiner hört mich

Gott,
keiner hört mich,
keiner hört mir zu,
an wen soll ich mich wenden,
wenn nicht an dich.

Ich fühle mich alleine.
Es fehlt mir an Kraft, vorwärts zu gehen.
Ich kann mir nicht erklären,
was mir die Kraft und den Willen genommen
hat weiterzumachen.
Das einzige, was mir geblieben ist, ist mein
Glaube.

Du verlässt mich nie.
Du glaubst immer an mich.
Gib mir etwas Zeit, und du wirst sehen,
dank dir werde ich wieder zu dem Menschen,
der ich früher war,
voll Optimismus, mit der Kraft, die es braucht,
um alles zu geben,
was in mir steckt.

Se continuiamo così

Dio
Tu hai creato il mondo e lo hai creato bene,
ma noi esseri umani ce ne occupiamo ben poco.
Chissà dove andremo a finire se continuiamo
così.
Soprattutto i poveri di questo mondo sono co-
loro che pagano la nostra mancanza di rispetto
verso la tua creazione.

Ti prego, apri a noi tutti gli occhi.
Abbiamo ancora tempo per cambiare il nostro
atteggiamento, anche se diventa sempre meno.
Di vittime ce ne sono già troppe.
Aiutami a non dare la colpa solo agli altri,
ma ad essere il primo a vedere i bisogni del mio
prossimo
e a ridurre il consumo delle risorse naturali per il
bene della terra.

Wenn wir so weitermachen

Gott,
du hast die Welt erschaffen, und sie war gut.
Aber wir Menschen kümmern uns sehr wenig
um sie.
Wer weiss, wo wir enden werden,
wenn wir so weitermachen.
Vor allem die Armen dieser Welt sind es,
die für unseren mangelnden Respekt gegenüber
deiner Schöpfung zahlen müssen.

Ich bitte dich, öffne uns allen die Augen.
Noch haben wir Zeit uns zu ändern,
auch wenn die Zeit uns davonläuft.
Opfer gibt es schon zu viele.
Hilf mir, die Schuld nicht nur anderen zu geben,
sondern der erste zu sein,
der die Bedürfnisse seines Nächsten wahrnimmt
und der den Verbrauch der natürlichen
Ressourcen einschränkt zum Wohl dieser Erde.

Gracious Father

Gracious Father,
we give You thanks for being with us
no matter where we find ourselves.

We give You thanks for weeping with us
in all our cares, and sharing in the happiness of
all our joys.

And we thank You for the moments of faith and
doubt,
which give us courage and humble us in know-
ing You.

Father calm our fears with perfect love,
shown to us through Jesus Christ,
and move us by the Holy Spirit to serve all
people,
including those we struggle to love.

In the name of Christ, Your Son, we pray.

Barmherziger Vater

Barmherziger Vater,
hab Dank, dass du bei uns bist,
wo auch immer wir sind.

Hab Dank, dass du mit uns weinst
in all unseren Sorgen,
und mit uns das Glück unserer Freuden teilst.

Wir danken dir für die Momente des Glaubens
und Zweifelns,
die uns Mut geben und uns demütig machen vor
deinem Angesicht.

Vater, stille unsere Ängste mit der
vollkommenen Liebe,
die uns in Jesus Christus gezeigt ist,
und bewege uns durch den Heiligen Geist dazu,
allen Menschen zu dienen,
auch denen, die wir nur mit Mühe lieben.

Das bitten wir im Namen von Christus, deinem
Sohn.

Bekennen

Du, mein Gott

Alleiniger Gott, du hast den Menschen in
Vielfalt geschaffen:

Hundert Schattierungen zeigt seine Haut
Hundert Farben sein Haar
Hundert Augenfarben funkeln

Tausend Sprachen sprechen deine Kinder
Tausend Tänze tanzen sie
und singen tausend Lieder

Millionen Zungen regen sich
Millionen Hände erheben sich
Millionen Herzen schlagen, dich zu preisen

Unendlich übersteigst du mein Begreifen
und bist doch der eine Gott
für mich

Glaubensbekenntnis

Ich glaube an Gott, Mutter und Vater,
Ursprung von allen und allem.
Erfahrbar in Seele und Geist,
sichtbar im Geheimnis der Elemente,
der Pflanzen, Tiere und Menschen.

Ich glaube, dass Gott sein Versprechen,
die Macht des Bösen zu brechen,
in Jesus Christus wahrgemacht hat.

Im Kind in der Krippe
und im Mann am Kreuz
hat Gott uns sein innerstes Wesen gezeigt und
geöffnet.

Ich glaube an die Geschwisterlichkeit und
Gleichwertigkeit aller Geschöpfe
und an die heilende, verwandelnde Kraft der
Liebe,
die uns im menschgewordenen Christus
begegnet.

Im Wissen um Gottes mütterliche Zuwendung
trete ich ein für Gerechtigkeit und Frieden,
zusammen mit vielen Schwestern und Brüdern.

Ich bestreite, dass die Mächtigen und die
Starken Recht haben oder am Ende Recht
bekommen werden,
nur weil sie sich mit Gewalt durchsetzen
können.

Ich glaube nicht, dass der Zweck die Mittel
heiligt.

Ich behaupte, dass Gott unsere Herzen, Hände
und Füsse braucht, um die fortschreitende
Zerstörung seiner Welt aufzuhalten.

Ich glaube an die jegliches menschliche Mass
übersteigende
Kraft göttlicher Barmherzigkeit.
Ich glaube, Gott wird das Gesicht dieser Erde
verwandeln, so wie er jeden von uns wandeln
kann.
Er wird sein Versprechen einlösen, die Hölle auf
Erden beenden
und einen neuen Himmel und eine neue Erde
schaffen:
vom Dunkel zum Licht und vom Hass zur Liebe.

E Bekenntnis für hüt

Us em obere Toggeburg

I glaube und vertraue dem Gott,
wo Himmel und Erde erschaffe hät.
Wo jede Stei und jede Halm
wo jede Bach und jede Baum,
wo jedes Tier und jede Mensch
und alls, wo läbt, mit Sinn erfüllt.

I glaube und vertraue em Sohn,
wo tüüf im Gheimnis vo Gott wohnt.
Jo, dä, wo's am Chrüz ombrocht hend:
Er het för die Arme kämpft,
isch uferstande us em Grab
und hät üs s'ewig Läbe gschenkt.

I glaube und vertraue dem Geist,
wo jedes Läbe i sich treit.
Dä Geist, wo üs mit allne Mensche uf Erde
verbindt
trotz allne Ängscht, trotz Grenze und
Widerständ.

I glaube und vertraue de Gmeind,
wo Friede und Versöhnig läbt,
wo Liebi schenkt und muetig kämpft
für e neui und gerechti Welt.

Dein Wille geschehe

Gott,
lass deinen himmlischen Willen auf unserer Erde
geschehen,
durch mich, und wenn es sein muss, gegen
mich.

Gott,
lass deinen himmlischen Willen auf unserer Erde
geschehen,
durch uns Schweizerinnen und Schweizer, und
wenn es sein muss, gegen uns.

Gott,
lass deinen himmlischen Willen auf unserer Erde
geschehen,
durch uns als Christen, und wenn es sein muss,
gegen uns.

Dein Wille geschehe.

Amen.

Verzeichnis der Autorinnen und Autoren

S. 62–64: Regula Hermann, Pfarrerin, St. Gallen-Straubenzell

S. 65: Martina Tapernoux, Pfarrerin, Dozentin RPI, Trogen

S. 66–67: Hanspeter Aschmann, Pfarrer, Rapperswil-Jona

S. 68: Melanie Muhmenthaler, Pfarrerin, Flawil

S. 69: Paul Rechsteiner, Ständerat und Anwalt, St. Gallen

S. 70: Melanie Muhmenthaler, Pfarrerin, Flawil

S. 71: Klaus Steinmetz, Pfarrer, Thal-Lutzenberg

S. 72: Hans Ruedi Fischer, Redaktor, Wildhaus

S. 74–75: Barbara Damaschke, Kirchenrätin, Pfarrerin,
Hemberg

S. 76: Marilene Hess, Pfarrerin, St. Gallen-Tablat

S. 79: Stephanie Meier-Boetschi, Pflegefachfrau HF,
St. Gallen

S. 80: Peter Roth, Musiker und Komponist, Unterwasser

S. 81: Sabine Rheindorf, Pfarrerin, Steinach

S. 82: Peter Roth, Musiker und Komponist, Unterwasser

S. 83: Heinzjürg Schmitt, Pfarrer i. R., Rapperswil-Jona

S. 84: Ruth Niederbäumer, Pfarrerin i. R., Wattwil

S. 85: Ivo Ledergerber, Theologe, Lehrer und Autor,
St. Gallen

S. 86: Annette Spitzenberg, Spitalseelsorgerin KSSG,
St. Gallen

S. 90: Philipp Kamm, Kirchenmusiker, Ebnat-Kappel

S. 91: Anonym. Verfasserschaft ist den Herausgebern
bekannt

S. 92: zitiert nach: Zürcher Bibel (2007)

S. 93: Barbara Damaschke, Kirchenrätin, Pfarrerin, Hemberg

S. 94: Roman Griesfelder, Unternehmensberater, St. Gallen

S. 96: Josephine Niyikiza, Flüchtlingsfrau aus Ruanda,
Rapperswil-Jona

S. 98: Daniel Hanselmann, Pfarrer, Wartau-Gretschins

S. 172–175: Klaus Stahlberger, Pfarrer, St. Gallen

S. 176: Fred Kurer, Autor, St. Gallen

S. 179–181: Simone Brandt, Pfarrerin i. R. der Eglise
française de Saint-Gall; Übersetzung: Käthi Koenig,
Theologin und Journalistin, Laufen

S. 182–189: Simone Brandt, Pfarrerin i. R. der Eglise
française de Saint-Gall; Übersetzung: Markus Anker,
Pfarrer, St. Gallen

S. 190–193: Renato Tolfo, Dekan, Pfarrer, Rebstein
(Text und Übersetzung)

S. 194: Scotty J. Williams, Reverend All Souls Protestant
Church, Wittenbach; Übersetzung: Andreas Hausam-
mann, St. Gallen

S. 197: Sabine Rheindorf, Pfarrerin, Steinach

S. 198: Ulrike Sidler, Fachlehrperson Religion, Walde

S. 200: Walter Hehli, Pfarrer i. R., Lichtensteig

S. 201: Klaus Steinmetz, Pfarrer, Thal-Lutzenberg